2 CORINTIOS

La vida de un Apóstol:

Temores por dentro, conflictos por fuera

Loren VanGalder

Spiritual Father Publications

ISBN-10: 0-9982798-7-0

ISBN-13: 978-0-9982798-7-9

Contenidos

Introducción

Durante muchos años, yo vi a Segunda de Corintios como un pobre compañero de Primera de Corintios; luché con el tono defensivo de Pablo, su "jactancia" y el énfasis en la ofrenda que estaba recolectando. Luego, después de años de prácticamente ignorarla, volví a leerla y la vi con ojos nuevos. ¡Dios tiene una manera maravillosa de hacer que su Palabra cobre vida! Esta carta es asombrosa, y hay mucho que resulta relevante para la iglesia hoy. Por desgracia, incluso muchos pastores nunca la han estudiado y no tienen idea del contexto de estos versículos conocidos:

- *Porque el Señor es el Espíritu; y donde está el Espíritu del Señor, allí hay libertad* (3:17).

- *Pero tenemos este tesoro en vasos de barro, para que la excelencia del poder sea de Dios, y no de nosotros* (4:7).

- *De modo que si alguno está en Cristo, nueva criatura es; las cosas viejas pasaron; he aquí todas son hechas nuevas* (5:17).

- *Así que, somos embajadores en nombre de Cristo, como si Dios rogase por medio de nosotros; os rogamos en nombre de Cristo: Reconciliaos con Dios. Al que no conoció pecado, por nosotros lo hizo pecado, para que nosotros fuésemos hechos justicia de Dios en él* (5:20-21).

- *No os unáis en yugo desigual con los incrédulos; porque ¿qué compañerismo tiene la justicia con la injusticia? ¿Y qué comunión la luz con las tinieblas?* (6:14)

- *Pero esto digo: El que siembra escasamente, también segará escasamente; y el que siembra generosamente, generosamente también segará. Cada uno dé como propuso en su corazón: no con tristeza, ni por necesidad, porque Dios ama al dador alegre* (9:6-7).

Tú probablemente has escuchado estos versículos, pero ¿conoces su contexto? El subtítulo de este libro refleja un tema significativo: de todas las apariencias, había poca victoria y muchos problemas en la vida de Pablo. Estaba afligido con luchas internas tan intensas que sintió la sentencia de muerte. Judíos celosos y apóstoles falsos se opusieron a Pablo, y él estaba angustiado por la posibilidad de perder una iglesia que amaba tanto. Hoy se habla mucho de apóstoles y del evangelio de salud, prosperidad y felicidad. Prepárate. Esta carta puede ofrecerte una visión muy distinta de lo que significa ser un cristiano. Este estudio no es un comentario, sino que pretende aclarar el mensaje y ayudarte a aplicarlo en tu vida. Léelo con oración para digerirlo y reflexionar sobre las cuestiones planteadas.

Empecemos con una mirada a la introducción de Pablo.

Elegido por Dios

[1]Pablo, apóstol de Cristo Jesús por la voluntad de Dios, y Timoteo nuestro hermano. ¿Habría elegido Pablo esta carrera si hubiera sabido que implicaría tanto sufrimiento? Pues, no lo sabemos, porque no tenía otra opción. Fue la elección de Dios. Dios lo eligió. Dios literalmente echó a Pablo a la tierra y nunca le

preguntó si quería la asignación o no (Hechos 9:3-5). Esta fue la voluntad de Dios para su vida, y Pablo fue lo suficientemente sabio como para no luchar contra ella. Dios le había dicho *"dura cosa te es dar coces contra el aguijón"* cuando lo llamó (Hechos 9:5 y 26:14). Ya Pablo había luchado demasiado contra Dios. Aunque la vida de un apóstol era dura, no hay indicios de que Pablo lamentara su ministerio. Después de todo, ¡qué privilegio ser enviado por Dios mismo como representante de Jesucristo!

Parte del Cuerpo de Cristo

Uno de los temas en esta carta es la importancia de las interrelaciones. Somos parte de un cuerpo, y Pablo ejemplificó eso al tener siempre a otros a su alrededor. Timoteo era un hermano en Cristo, pero también el hijo amado de Pablo en la fe.

A la iglesia de Dios que está en Corinto y a todos los santos en toda la región de Acaya.

La carta está dirigida a la iglesia en Corinto. Muchas veces, la conexión con la primera carta de Pablo es evidente, pero también hay mucha verdad universal que Pablo quería compartir con toda Grecia.

Es la iglesia de Dios (no de Pablo ni de ningún otro apóstol), y ese será un tema en la carta, junto con el llamado de Dios a la santidad.

² *Gracia y paz a vosotros, de Dios nuestro Padre y del Señor Jesucristo.*

¿Podrías usar gracia y paz en tu vida? Son regalos de Dios. No puedes ganarlas y no están basadas en tu mérito. Ruego que Dios te dé su gracia y paz mientras estudias esta gran carta.

1

El propósito del sufrimiento

2 Corintios 1:3-11

El sufrimiento es parte de la experiencia humana universal, pero es difícil para nosotros comprenderlo y hacemos todo lo posible para escapar de él. En medio de este dolor, muchos nunca reciben el consuelo que necesitan. Algunos cristianos afirman que "Cristo sufrió, para que yo no tenga que sufrir", pero Dios nunca nos prometió una vida libre del sufrimiento. De hecho, Él vino a vivir entre nosotros y a padecer en la cruz. Cristo, nuestro sumo sacerdote, nos acompaña en nuestro sufrimiento; es el Dios de toda consolación. ¡Nosotros tenemos algo de gran valor para ofrecer a gente afligida!

Pablo tuvo muchas oportunidades de ser consolado, ya que soportó mucho sufrimiento. Él empieza esta carta enseñándonos cómo recibir consuelo y cómo darlo.

³ Alabado sea el Dios y Padre de nuestro Señor Jesucristo, Padre misericordioso y Dios de toda consolación, ⁴ quien nos consuela en todas nuestras tribulaciones para que con el mismo consuelo que de Dios hemos recibido, también nosotros podamos consolar a todos los que sufren. ⁵ Pues así como participamos abundantemente en los sufrimientos de Cristo, así también por medio de él tenemos abundante consuelo. ⁶ Si sufrimos, es para que ustedes tengan consuelo y salvación; y si somos consolados, es para que ustedes tengan el consuelo que los ayude a soportar con paciencia los mismos sufrimientos que nosotros padecemos. ⁷ *Firme es la esperanza que tenemos en cuanto a ustedes, porque sabemos que así como participan de nuestros sufrimientos, así también participan de nuestro consuelo.*

¡Nueve veces en cinco versículos, Pablo usa la palabra "consuelo" o "consolación"! Consuelo es mucho más que una palmadita en la espalda y decir que todo estará bien. El diccionario dice que consolar es: "aliviar la pena o aflicción, dando fuerza, esperanza y ánimo". La palabra griega tiene un significado mucho más rico: el Consolador viene a tu lado, como un abogado defensor en el tribunal. Es el nombre que el Nuevo Testamento usa para el Espíritu Santo. Consolar es estar ahí para alguien, entrar en su dolor y caminar con él en su tribulación.

Consuelo implica sufrimiento

Si todo está bien, no hay necesidad de consuelo. Si quieres consuelo abundante, vas a tener sufrimiento abundante: *cuanto más sufrimos por Cristo, tanto más Dios nos colmará de su consuelo por medio de Cristo* (v. 5, NTV). Para Pablo, sufrir por Cristo era un gran privilegio: *Lo he perdido todo a fin de conocer a Cristo, experimentar el poder que se manifestó en su resurrección, participar en sus sufrimientos y llegar a ser semejante a él en su muerte* (Filipenses 3:10). ¿Es el anhelo de tu corazón? ¿Puedes aceptar el sufrimiento para llegar a ser más como Cristo?

¿Por qué permite Dios el sufrimiento?

- Él es el Dios de toda consolación. Compartimos un poco más de su naturaleza cuando recibimos consuelo y lo compartimos con otros. Sobre todo, disfrutamos de una experiencia más profunda del Espíritu Santo, el Consolador. Y llegamos a ser más compasivos, ya que la compasión se relaciona con el consuelo.

- Dios nos consuela, pero luego espera que nosotros consolemos a otros, permitiendo el flujo del Espíritu Santo en el Cuerpo de Cristo. ¡Mientras más des consuelo, más fluirá el Consolador a través de ti, y más consuelo recibirás! Pero para recibir consuelo, necesitas problemas. Sin tribulaciones, no hay necesidad de consuelo; no conocerás la profundidad de la compasión y el amor de Dios, y no podrás consolar a otros. Si conoces gente que siempre vive la vida buena, ya puedes estar consciente de qué difícil es para ellos consolar a otros y tener una compasión genuina. Si recibes consuelo, pero no consuelas a otros, apagarás la obra del Espíritu.

- El consuelo produce una perseverancia paciente. Puedes aguantar mucho más si sabes que no estás solo; alguien está contigo en la prueba. Si nunca has recibido consuelo, será muy difícil consolar a otros. Es lógico, entonces, que el pastor o líder sufra más, para que esté mejor equipado para ministrar consuelo.

El gran sufrimiento de Pablo

⁸ Hermanos, no queremos que desconozcan las aflicciones que sufrimos en la provincia de Asia. Estábamos tan agobiados bajo tanta presión, que hasta perdimos la esperanza de salir con vida: ⁹ nos sentíamos como sentenciados a muerte.

¡Esto es fuerte! ¡Este es Pablo, el gran apóstol y el gran varón de fe! ¿Sabes lo que significa perder la esperanza de salir con vida? ¿La vida es tan abrumadora que te sientes sentenciado a muerte? No siempre es algo físico; a veces, el dolor emocional es aún más fuerte. Hay muchos tipos de sufrimiento, ¡y todos duelen!

Es impresionante que Pablo sea tan transparente, especialmente con una iglesia que cuestionó su autoridad. Algunos, al enterarse de su sufrimiento, lo verían como un mal ejemplo de fe y victoria. De hecho, el líder necesita discernimiento acerca de cuánto comparte de su vida personal. Si una iglesia cree que su pastor está derrotado y lleno de dudas, puede impactar a toda la congregación. Por otro lado, una iglesia debe entender que los pastores también son humanos y pasan por pruebas como cualquier otra persona. Muchos pastores mantienen una fachada de vivir siempre en victoria y sin pruebas, lo que produce una artificialidad en la iglesia.

¿Por qué permite Dios un sufrimiento tan intenso para su siervo escogido?

⁹ Pero eso sucedió para que no confiáramos en nosotros mismos sino en Dios, que resucita a los muertos.

Muchos hombres se jactan de ser autosuficientes. Eso hace que sea más difícil ser cristiano, ya que tenemos que renunciar a nuestra independencia y confiar completamente en Dios. Dios nos permite sufrir hasta que llegamos a un punto en el que no tenemos más remedio; tenemos que confiar en Él. ¡El mismo Pablo todavía tenía que aprender esa lección! Cuanto más talentoso y capaz seas, más tienes que sufrir para llegar a ese punto. Tal vez, si conscientemente renunciamos a nuestra independencia y le entregamos todo a Dios, podríamos evitar algunas de estas pruebas. ¿Podría ser que en tu prueba, Dios simplemente quiera enseñarte a confiar en Él?

¿Y si morimos en el proceso? No hay problema, porque ¡Dios resucita a los muertos! No te desesperes, aun cuando sientas la pena de muerte en tu vida, ¡porque Dios da nueva vida!

Tú, la iglesia y Dios: todos tienen su parte

[10] *Él nos libró y nos librará de tal peligro de muerte. En él tenemos puesta nuestra esperanza, y él seguirá librándonos,* [11] *mientras tanto, ustedes nos ayudan orando por nosotros.*

- **Dios** no te guarda del peligro mortal, pero te librará de él. Él es fiel y justo; así como te ha liberado en el pasado, Él te liberará en el futuro. A veces esa liberación puede ser incluso a través de la muerte, quitándote de este mundo para estar con Él.

- **Tú** tienes que mantener tu esperanza en Dios. Fija tus ojos en Dios en medio de la prueba y confía en Él, basándote en su fidelidad en el pasado. Puedes sentirte tentado a confiar en tu propio ingenio, en tu dinero u otras personas, pero tarde o temprano todos ellos te fallarán.

- **La iglesia** tiene que orar. Pablo reconoce que él necesita las oraciones de otros. Dios lo ha arreglado así; somos parte de un cuerpo y nos necesitamos mutuamente.
  - o La versión amplificada dice *"cooperando con sus oraciones para nosotros - ayudando y trabajando junto con nosotros"*.
  - o ¿Intercedes fielmente por los que sufren? Desde la comodidad de tu hogar, tú puedes ayudar a hermanos que sufren en otras partes del mundo. Busca maneras de mantener la comunicación con ellos.
  - o Aunque parece increíble, ¡a ellos les gustaría saber cuáles son tus necesidades para que puedan orar por ti! ¡A menudo, las personas en las circunstancias más difíciles son los guerreros más fieles en oración!
  - o Si nadie sabe lo que está sucediendo en tu vida, no puede orar por ti ni consolarte.
  - o Si le dices a alguien que vas a orar por él, ¡hazlo! Si alguien me dice que tiene una cita médica importante el jueves, esa mañana me gusta enviarle un mensaje de texto para que sepa que alguien está orando.

[11] *Así muchos darán gracias a Dios por nosotros a causa del don que se nos ha concedido en respuesta a tantas oraciones.*

Hay un fruto más de nuestras oraciones: Dios recibe la acción de gracias y adoración por el derramamiento de su gracia y favor. Por eso, es tan importante compartir cómo Dios ha contestado la oración, averiguar y dar gracias a Dios por sus respuestas.

¿Ves las muchas maneras en que Dios trabaja por medio de nuestro sufrimiento? No siempre lo hace más fácil cuando estamos desesperados por la vida, pero nuestro padecimiento les da a otros la oportunidad de recibir la bendición de consolarnos, orar por nosotros y ver las oraciones contestadas.

En este preciso momento, Dios quiere derramar su consuelo sobre tu vida. No importa cuán desesperada sea tu situación, Él está a tu lado. Recibe su consuelo y dale gracias por su fidelidad. ¡No estás solo!

2

Seguridad en medio del sufrimiento

2 Corintios 1:12-24

¹² Para nosotros, el motivo de satisfacción es el testimonio de nuestra conciencia: Nos hemos comportado en el mundo, y especialmente entre ustedes, con la santidad y sinceridad que vienen de Dios. Nuestra conducta no se ha ajustado a la sabiduría humana sino a la gracia de Dios.

Andar con una conciencia limpia

E s demasiado fácil para un cristiano mantener un doble estándar:

- Dar lo mejor a la empresa y lo que queda al Señor.
- Ser el cristiano ejemplar en la iglesia, pero robar en el trabajo o no pagar sus impuestos.
- Ser un hombre bien respetado en la comunidad, pero un abusador en casa.

Nuestra conducta debe ser la misma en el mundo, en la iglesia y en el hogar. La meta es la consistencia. ¡Es muy liberador mantener una conciencia limpia en toda la vida! ¿Cómo está la tuya? Camina con integridad, santidad, motivos puros y sinceridad piadosa, para que puedas mantener la cabeza en alto en el trabajo, delante del Señor y con la familia. Eso es posible solo por la gracia de Dios; es casi imposible comportarse de esa manera por tu propia fuerza. Pablo no se jacta de su conducta, sino que confiesa que él también necesita esa gracia. Si no dependes de la gracia de Dios, la tentación es vivir por la sabiduría del mundo:

> ¿Quién es sabio y entendido entre ustedes? Que lo demuestre con su buena conducta, mediante obras hechas con la humildad que le da su sabiduría. Pero si ustedes tienen envidias amargas y rivalidades en el corazón, dejen de presumir y de faltar a la verdad. Ésa no es la sabiduría que desciende del cielo, sino que es terrenal, puramente humana y diabólica. Porque donde hay envidias y rivalidades, también hay confusión y toda clase de acciones malvadas (Santiago 3:13-16).

Es posible que Pablo creyera que los falsos apóstoles en Corinto, con su autopromoción y egocentrismo, estaban actuando con esta sabiduría.

Orgullosos en el día del Señor

[13] No estamos escribiéndoles nada que no puedan leer ni entender. Espero que comprenderán del todo, [14] así como ya nos han comprendido en parte, que pueden sentirse orgullosos de nosotros como también nosotros nos sentiremos orgullosos de ustedes en el día del Señor Jesús.

Muchos, incluyendo a los falsos apóstoles, no estaban de acuerdo en que Pablo siempre escribía con tanta claridad. Pedro escribió acerca de Pablo: «*Hay en [sus cartas] algunos puntos difíciles de entender, que los ignorantes e inconstantes tergiversan, como lo hacen también con las demás Escrituras, para su propia perdición*» (2 Pedro 3:16).

Estoy seguro de que Pablo sabía que él no siempre era fácil de entender, aunque nunca intentó engañar a nadie ni escribir a propósito algo que fuera difícil de comprender. Pero después de 2000 años, ¡todavía hay algunas cosas en sus cartas que son difíciles de entender! La realidad con la Biblia o un sermón es que lo entendemos en parte, y poco a poco llegamos a comprenderlo mejor. Solo lo entenderemos perfectamente cuando estemos con el Señor (1 Corintios 13:12).

¡Qué imagen hermosa de los creyentes de pie ante Jesús, orgullosos de sus pastores que les han ministrado fielmente la Palabra! A la misma vez, los pastores están orgullosos de sus fieles discípulos. ¿Hay alguien que esté orgulloso de ti? ¿Estarás orgulloso de alguien cuando estés de pie delante del Señor?

¿Estaba Pablo no fidedigno?

[15] Confiando en esto, quise visitarlos primero a ustedes para que recibieran una doble bendición; [16] es decir, visitarlos de paso a Macedonia, y verlos otra vez a mi regreso de allá. Así podrían ayudarme a seguir el viaje a Judea. [17] Al proponerme esto, ¿acaso lo hice a la ligera? ¿O es que hago mis planes según criterios meramente humanos, de manera que diga «sí, sí» y «no, no» al mismo tiempo?

Los detractores de Pablo en Corinto lo acusaron de una falta de fiabilidad por no haber hecho una visita prometida. Lo acusaron de:

- Ser voluble y hacer las cosas a la ligera, sin orar ni pensar seriamente en lo que estaba haciendo.

- Hacer planes de una manera mundana, según criterios meramente humanos y no guiados por el Espíritu Santo.

- Ser deliberadamente engañoso, diciendo "sí" y "no" en la misma frase, o decir *«sí» cuando en realidad quiere decir «no»* (NTV). Lamentablemente, es común que algunos cristianos digan "sí" cuando no tienen la intención de hacerlo, ya sea por su cultura, por no ofender a nadie o porque es más fácil. Tenemos que ser honestos y fieles a nuestra palabra.

Los corintios deberían haber sabido que todos los planes de Pablo estaban sujetos a la voluntad de Dios. Él ya lo había dejado claro en el cierre de 1 Corintios (16:5-9), con palabras como "quizás", "espero" y "si el Señor lo permite".

[18] Pero tan cierto como que Dios es fiel, el mensaje que les hemos dirigido no es «sí» y «no». [19] Porque el Hijo de Dios, Jesucristo, a quien Silvano, Timoteo y yo predicamos entre ustedes, no fue «sí» y «no»; en él siempre ha sido «sí». [20] Todas las promesas que ha hecho Dios son «sí» en Cristo. Así que por medio de Cristo respondemos «amén» para la gloria de Dios.

La verdadera preocupación de Pablo por las acusaciones de no ser confiable es que también puedan dudar de su mensaje. Sus detractores trataron de aprovecharse de eso, pero Pablo les asegura que Jesús y su Palabra son inmutables.

¡En Cristo todo es "sí"!

Pablo inició esta carta con algunas cosas muy pesadas. El sufrimiento puede quitarnos una visión clara, pero ahora Pablo nos llama a unirnos sin vacilar al mensaje, sin desviarnos a temas secundarios. Sé positivo: en Cristo, todas las promesas de Dios son "Sí".

Con tantas dificultades, Pablo quiere concluir el capítulo con una nota positiva, con maneras en que Dios, tú y la iglesia puedan responder a estos retos.

Dios: Seguridad impresionante en medio del sufrimiento

[21] Dios es el que nos mantiene firmes en Cristo, tanto a nosotros como a ustedes. Él nos ungió, [22] nos selló como propiedad suya y puso su Espíritu en nuestro corazón, como garantía de sus promesas.

- Dios te mantiene, te capacita para ser firme en Cristo. ¡No depende de ti! Claro, tú tienes tu parte, pero Dios hace todo lo posible con su poder infinito para asegurarse de que te mantengas firme. Si te sientes inestable, tal vez te estás esforzando demasiado para mantenerte en tu propia fuerza.

- Él te ungió cuando fuiste salvo y lleno del Espíritu Santo. ¿Has experimentado esa unción? ¿Necesitas una unción fresca?

- Él puso su sello de propiedad en ti, semejante a la marca en el ganado. Recuérdale al diablo ese sello cuando te dice que a Dios no le importas.

- Él puso su Espíritu en tu corazón como depósito. La palabra griega es rica, transmitiendo la certeza del depósito inicial, que te asegura todo lo que Dios te ha prometido. Es común decir que no hay garantías en la vida, ¡pero esta es una garantía de la Biblia!

Tú: Conoce tus límites

²³ *¡Por mi vida! Pongo a Dios por testigo de que es sólo por consideración a ustedes por lo que todavía no he ido a Corinto.*

Tenemos que conocer nuestros límites. ¡A veces es sabio mantenerse alejado! Pablo sabía que otra visita sería improductiva en ese momento. No fue una decisión que él tomó a la ligera; realmente quería ir, pero por amor a ellos, decidió salvarlos de otra visita dolorosa. Lo sorprendente es su fervor al decirlo: ¡pone a Dios como testigo y lo reafirma con su propia vida!

La iglesia: Te ayuda a ser firme por la fe

²⁴ *No es que intentemos imponerles la fe, sino que deseamos contribuir a la alegría de ustedes, pues por la fe se mantienen firmes.*

La iglesia tiene un papel importante en mantener a los hermanos en tiempos difíciles, principalmente fomentando su fe. Todos tenemos que trabajar juntos por una meta común. Los líderes de la iglesia que se enseñorean de los que están a su cuidado pueden destruir su fe. La relación entre el líder y la iglesia no debe ser onerosa o difícil (como a veces fue para Pablo con los corintios), sino alegre.

Los corintios tienen que mantenerse firmes en su fe, o no sobrevivirán. Vemos aquí la tensión que siempre existe entre la soberanía de Dios y nuestra responsabilidad. Él acaba de decir que Dios nos mantiene firmes, y ahora dice que es por la fe que nos mantenemos firmes. ¿Cuál es? ¡Ambos! Dios hace su parte, pero la fe (la creencia en Dios y en lo que Él ha dicho y hecho) es necesaria de nuestra parte. Así como Dios ha pagado el precio por tus pecados, tú también tienes que aceptar su salvación por fe.

El creyente enfrenta mucha presión: del mundo, del diablo y aún de la iglesia. Dios lo usa todo para refinarte y prepararte para la eternidad. ¡Que te mantengas firme en tu fe, confiando en el Señor!

3

El amor duele

2 Corintios 2:1-4

¹En efecto, decidí no hacerles otra visita que les causara tristeza. ² Porque si yo los entristezco, ¿quién me brindará alegría sino aquel a quien yo haya entristecido? ³ Les escribí como lo hice para que, al llegar yo, los que debían alegrarme no me causaran tristeza. Estaba confiado de que todos ustedes harían suya mi alegría. ⁴ Les escribí con gran tristeza y angustia de corazón, y con muchas lágrimas, no para entristecerlos sino para darles a conocer la profundidad del amor que les tengo.

Un corazón quebrantado. Ya sabes que amar a alguien es doloroso. El verdadero amor no significa que no habrá problemas en la relación. Las dos cartas a los corintios revelan un montón de problemas en la relación de Pablo con esa iglesia, pero él no simplemente la abandonó a los falsos apóstoles. Él estaría muy justificado en dejarla y ocuparse de las innumerables oportunidades de ministrar en otros lugares. Evitaría mucho dolor.

Pero el verdadero amor, el amor ágape (la palabra griega que se usa aquí para el amor incondicional de Dios), no se da por vencido:

- Puedes tener problemas graves en tu matrimonio, pero no entregues a tu esposa a otro hombre; no abandones tu casa.

- Hermana, no tienes que soportar el abuso de tu esposo, pero el divorcio no es la solución. ¡Dios quiere transformar a ese hombre! Evitar el dolor no es realmente lidiar con él.

- Es posible que tengas problemas reales con la iglesia que estás pastoreando, pero no renuncies al pastoreo. Dios tiene un propósito en el dolor.

Crecemos cuando enfrentamos los problemas y los resolvemos.

Sin embargo, hay ocasiones en las que tenemos que alejarnos por un tiempo. Estar juntos puede ser tan doloroso que la sanidad no es posible en ese momento. No me gusta decirlo, pero a veces una separación del cónyuge es saludable, solo con el objetivo de sanar y restaurar la relación. Pastor, eso puede significar un año sabático de tu iglesia. Lo que los seres más queridos hacen es lo que nos produce más dolor, pero también son los que nos traen más alegría. Así que Pablo escribe que los mismos corintios deberían traerle alegría. Si él destruye la relación, ya ha eliminado a aquellos que pueden hacerle feliz. Por desgracia, los hombres a menudo hacen esto con sus familias.

En esta carta, Pablo se arrepiente de las palabras fuertes de la carta anterior y de su visita dolorosa. No quiere decir que estuviera mal, pero ya han cumplido su propósito. Esperaba que la carta arreglara la situación, de modo que cuando los viera, todo fuera a estar bien. Pero no resultó así. Ahora tiene que confiar en que Dios estaba en medio de lo que hizo y va a restaurar la relación. Pero, mientras tanto, estos pocos versos están llenos de dolor. Mira las palabras que usa: tristeza (6 veces), angustia, muchas lágrimas. El amor duele.

¿Estás en una relación dolorosa ahora mismo? ¿Estás tentado a dejarla? ¿Te sientes desesperado? ¿No puedes soportar más el dolor? Somos expertos en evitar el dolor a través del alcohol, drogas o pastillas, y en ocuparnos con muchas cosas. Dios quiere tocarte en tu dolor y darte la fuerza para perseverar y seguir amando. Tienes razón; en tu fuerza, no puedes. Pero tú puedes aprender a amar con el amor ágape de Dios; el mismo amor que Pablo tenía por esta iglesia difícil. Es el mismo amor que Jesús te manda a tener para tu esposa o tu esposo, incluso entregar tu vida por ellos.

- Tienes el poder interior de amar e impactar a tu familia, a tu iglesia y a tu mundo.
- ¡Esfuérzate y anímate, mi hermano! Dios está sacándote de una vida egocéntrica, llamándote a la cruz y luego dándote una nueva vida y un amor como nunca has conocido.
- Mi hermana, Jesús quiere derramar su amor sobre ti en medio de tu dolor.

El amor nunca falla, nunca se da por vencido. Dios quiere darte fe y esperanza — pero lo más importante, el amor.

4

Disciplina en la iglesia

2 Corintios 2:5-11

⁵ No exagero cuando digo que el hombre que causó todos los problemas los lastimó más a todos ustedes que a mí. ⁶ La mayoría de ustedes se le opusieron, y eso ya fue suficiente castigo. ⁷ No obstante, ahora es tiempo de perdonarlo y consolarlo; de otro modo, podría ser vencido por el desaliento. ⁸ Así que ahora les ruego que reafirmen su amor por él.

⁹ Les escribí como lo hice para probarlos y ver si cumplirían mis instrucciones al pie de la letra. ¹⁰ Si ustedes perdonan a este hombre, yo también lo perdono. Cuando yo perdono lo que necesita ser perdonado, lo hago con la autoridad de Cristo en beneficio de ustedes, ¹¹ para que Satanás no se aproveche de nosotros. Pues ya conocemos sus maquinaciones malignas. (NTV)

Pablo posiblemente se refiere aquí al hombre en su primera carta que fue disciplinado por una relación incestuosa. Parece que los corintios obedecieron sus instrucciones, y ahora Pablo está preocupado de que la disciplina puede ser demasiado; ya es hora de restaurar al hermano.

Seis lecciones importantes sobre la disciplina en la iglesia

1. Hay que saber cuándo terminar la disciplina. A veces hay poca evidencia de amor: casi como un padre abusivo, algunos se enfocan más en el castigo que en la restauración. La disciplina siempre se realiza bajo la supervisión de alguien que conoce a la persona y sabe cuándo decir "suficiente" (los ancianos, un pastor o un apóstol).

2. En esta misma carta (7:10), Pablo habla de una tristeza que proviene de Dios, la cual produce el arrepentimiento y lleva a la salvación. El peligro es que la persona disciplinada puede ser consumida por una tristeza excesiva, caer en la desesperación y dejar la iglesia y al Señor. Esa tristeza no proviene de Dios. Crisóstomo (un padre de la iglesia primitiva) escribió: "Algunos Satanás destruye por el pecado, otros a través de la tristeza desmedida tras el arrepentimiento por ello... conquistando con nuestras propias armas." Si te has arrepentido después de una caída, ten cuidado de no ser consumido por una tristeza excesiva y ser condenado por el diablo. Dios te perdona, y el dolor debe ser reemplazado por alegría. Si la iglesia sigue rechazándote, ella ha caído en las asechanzas del diablo.

3. Cuando la disciplina termina, perdona y consuela al pecador restaurado. Públicamente, abrázalo y anímalo. Olvida la transgresión y, con alegría, dale la bienvenida a la comunión de nuevo, reafirmando el amor por él. No es fácil si la persona causó muchos problemas para la iglesia, pero es una prueba del mandato de Cristo de perdonar. ¡El que no perdona se convierte en fariseo, peor pecador que el que fue disciplinado!

4. Pablo tenía otra razón para dar las pautas para disciplinar: probar la actitud de sus corazones. Algunos dicen que solo deben obedecer a Dios, y podrían cuestionar si esta prueba fue apropiada. Pero la Biblia nos manda obedecer a aquellos que Dios ha puesto sobre nosotros, y muchas veces Dios prueba nuestra obediencia a través de nuestra actitud hacia ellos. No es una obediencia ciega; no hay ningún pastor perfecto, así como no hay ningún esposo perfecto. Hay que orar por aquellos que tienen esta autoridad y tener discernimiento del Espíritu en nuestra obediencia.

5. Ya que lo obedecieron, Pablo ahora les asegura que va a honrar su decisión de poner fin a la disciplina y perdonar al ofensor. El apóstol o supervisor debe tener este respeto por la iglesia bajo su cuidado.

6. La falta de perdón abre la puerta a Satanás, quien se deleita en mantener a alguien bajo condena. El diablo puede robar la paz y el perdón, dividir la iglesia y sembrar rebelión en aquellos que creen que una disciplina es demasiado severa. Pablo sabe que Satanás es muy astuto; puede ser más listo que nosotros. Debemos siempre mantener la guardia y ser conscientes de todos sus planes.

¿Qué te dice el Espíritu aquí?

- ¿Tienes que perdonar a alguien?
- ¿Afirmar tu amor a alguien? ¿Consolarlo?
- ¿Has caído en desesperación, arrastrado a la condena de Satanás?
- ¿Está el diablo aprovechándose de ti en este momento? ¿Cuáles son sus artimañas?

5

Comprender mejor lo que es el ministerio

2 Corintios 2:12-17

¹² Ahora bien, cuando llegué a Troas para predicar el evangelio de Cristo, descubrí que el Señor me había abierto las puertas. ¹³ Aun así, me sentí intranquilo por no haber encontrado allí a mi hermano Tito, por lo cual me despedí de ellos y me fui a Macedonia.

Veamos los pasos de Pablo en su intento de servir al Señor:

- Va a una nueva ciudad en un viaje apostólico.
- Él tiene el mejor propósito en mente: predicar el evangelio de Cristo.
- Dios mismo le abrió una puerta en esa ciudad.
- Sin embargo, no pudo quedarse y ministrar allí.
- El vacío que sintió sin Tito era demasiado.
- Estaba inquieto, y aparentemente la paz interior es importante en el ministerio.
- Así que se fue a Macedonia.

La importancia de otras personas en el ministerio

¿Te sorprende que Pablo fuera guiado por algo tan subjetivo como sentirse intranquilo? Sería normal extrañar a Tito y luchar por predicar, pero se espera que se sienta obligado a pasar por esa puerta que Dios le abrió, dejando de lado sus sentimientos. Pero Pablo no lo hizo, porque extrañaba tanto a Tito. ¡Un compañero en el ministerio es muy importante, pero no indispensable!

- ¿Te sientes solo en el ministerio?
- ¿Tienes un Tito para trabajar contigo?
- ¿Te sientes obligado a seguir adelante sin paz interior?
- ¿Es hora de irte a un lugar donde puedas ministrar con tu Tito?

[14] *Sin embargo, gracias a Dios que en Cristo siempre nos lleva triunfantes y, por medio de nosotros, esparce por todas partes la fragancia de su conocimiento.* [15] *Porque para Dios nosotros somos el aroma de Cristo entre los que se salvan y entre los que se pierden.* [16] *Para éstos somos olor de muerte que los lleva a la muerte; para aquéllos, olor de vida que los lleva a la vida. ¿Y quién es competente para semejante tarea?*

Siempre triunfantes en Cristo

Hasta ahora no hemos visto mucho triunfo en esta carta:

- Pablo sufre todos los problemas con los corintios.
- Ha pasado por muchas pruebas, hasta el punto de perder la esperanza de vida.
- Ha cambiado sus planes, hasta el punto de que los corintios dudan si Dios realmente lo está guiando.

A pesar de eso, él sigue confiando en que se encuentra en una procesión triunfal conducida por Cristo. Pablo probablemente se refiere al desfile victorioso de un general o emperador, que lleva cautivos consigo. A la vez, el incienso se habría ofrecido en acción de gracias al dios de ese general. Para los vencedores, sería un aroma muy agradable, pero para los cautivos, era la fragancia de la derrota y la muerte.

Te guste o no, tú portas el aroma de Cristo contigo dondequiera que vayas. La intensidad del aroma está determinada por la presencia del Espíritu en tu vida en ese momento. Podrías oler un aroma dulce en la iglesia o con alguien lleno del Espíritu. Tal vez es por eso que la gente bajo el dominio del enemigo te evitará. También puede haber ocasiones en las que realmente huela un mal olor si Satanás está presente.

¡Qué privilegio es ser parte de la procesión triunfal de Cristo!

- ¿Eres su cautivo?
- ¿Difundes el conocimiento de Cristo dondequiera que vayas?
- ¿Puedes decir con confianza que Cristo te está llevando?
- ¿Cómo hueles?
- ¿Le das vida a los que conoces?

Pablo siente que es una tarea de enormes proporciones, pero Dios nos equipa para ella. No hay nada en la carne que nosotros mismos podamos hacer para oler bien. Olvídate de algún perfume. Es Cristo en nosotros quien trae este aroma agradable.

¿Por qué estás en el ministerio?

[17] A diferencia de muchos, nosotros no somos de los que trafican con la palabra de Dios. Más bien, hablamos con sinceridad delante de él en Cristo, como enviados de Dios que somos.

Charlatanes. Por desgracia, no todos los que predican la palabra huelen tan bien. Hay muchos que hacen el ministerio a su manera, por motivos vanos. Dios no los ha enviado. Una forma segura de detectar una rata es centrarse en el dinero y trabajar para su propio beneficio, ya sea financiero o de estatus. Hablar en el nombre de Cristo y predicar su Palabra es una gran responsabilidad.

¿Puedes decir que estás ministrando con sinceridad? ¿Y los líderes en tu iglesia? Si somos honestos, casi siempre hay una mezcla de motivos en el ministerio. Examina los tuyos y haz los ajustes necesarios si son egoístas. Cuando predicas, ¿lo haces para impresionar a la gente? ¿O para agradar y glorificar a Dios? ¿Puedes decir con certeza que Dios te ha enviado a donde estás, y que lo que haces es "en Cristo"?

6

Más y más gloria

2 Corintios 3

La vida es una lucha, incluso para el cristiano, el pastor y el gran apóstol Pablo. Ya en esta carta hemos visto sus conflictos con los corintios, su gran sufrimiento y la oposición que enfrentó. En este capítulo, vamos a ver cómo es posible soportar esos problemas.

La verdadera recomendación para el ministerio

El mundo valora las "recomendaciones" y son importantes hasta cierto punto. Pero debemos centrarnos en lo que es verdaderamente importante.

[1]¿Acaso comenzamos otra vez a recomendarnos a nosotros mismos? ¿O acaso tenemos que presentarles o pedirles a ustedes cartas de recomendación, como hacen algunos? [2] Ustedes mismos son nuestra carta, escrita en nuestro corazón, conocida y leída por todos. [3] Es evidente que ustedes son una carta de Cristo, expedida por nosotros, escrita no con tinta sino con el Espíritu del Dios viviente; no en tablas de piedra sino en tablas de carne, en los corazones.

Es común que un hermano nuevo, que venga de otra iglesia, o alguien que quiera ministrar, lleve una carta de recomendación

33

de una iglesia o líder bien conocido. Puede tener un certificado de ordenación o un diploma académico. Eso es bueno, pero no es suficiente. Parece que los oponentes de Pablo en Corinto tenían eso. Lamentablemente, las cosas no siempre son lo que parecen. Alguien con recomendaciones brillantes puede ser un abusador de niños. Se puede comprar una licencia de ordenación en Internet, y un diploma de un instituto bíblico o seminario dice poco acerca del carácter de la persona.

Para algo tan precioso como el ministerio en la iglesia de Jesucristo, los estándares rigurosos son muy importantes. En mi iglesia, alguien que quiere ser pastor necesita la recomendación de su iglesia local. Luego, el concilio de pastores y ancianos en esa zona lo toma a su cargo si creen que Dios lo está llamando al ministerio. Ellos lo aconsejan, lo examinan y lo ayudan a prepararse para el ministerio. Esto incluye sus estudios, pero sus profesores de seminario también tienen que emitir un "Certificado de Aptitud para el Ministerio" acerca de su piedad y demostración de carácter cristiano. Todo eso es bueno, especialmente hoy en día, cuando alguien puede empezar una iglesia sin prácticamente ninguna preparación ni rendir cuentas a nadie. Pero todavía no es suficiente.

Jesús dijo que los conocemos por sus frutos (Mateo 7:16-20; 12:33; Juan 15:1-16). Parece que Él estaba pensando principalmente en el impacto duradero en las vidas de otras personas, incluyendo su salvación y crecimiento espiritual. Los frutos del Espíritu (Gálatas 5:22-23) también son importantes. Otras referencias a los frutos en nuestras vidas se encuentran en Efesios 5:9, Filipenses 1:11, Colosenses 1:6 y 10 y Santiago 3:17. Pablo está preocupado por lo que hay en el corazón, no por las cartas. Tu carta real de recomendación son las personas a quienes has ministrado y la obra transformadora del Espíritu en sus vidas. Alguien puede parecer impresionante en la televisión o en Internet, pero nunca vemos el verdadero fruto de su ministerio, las cartas escritas en los corazones de la gente. Si estás considerando a alguien para un puesto en el ministerio, visita la iglesia donde servía y a las personas a quienes ha ministrado. Esa es su principal recomendación.

⁴ Ésta es la confianza que delante de Dios tenemos por medio de Cristo. ⁵ No es que nos consideremos competentes en nosotros mismos. Nuestra capacidad viene de Dios. ⁶ Él nos ha capacitado para ser servidores de un nuevo pacto, no el de la letra sino el del Espíritu; porque la letra mata, pero el Espíritu da vida.

¡Dios te hace competente!

Las palabras "competencia" y "aptitud" generan ansiedad en muchas personas. ¿Y tú? Es muy común sentirse incompetente e impulsado a demostrar a otros (y a sí mismo) que sí tiene las condiciones necesarias, anotando los resultados de exámenes o evaluaciones del trabajo. Sin duda, es importante desarrollar la competencia en tu profesión (en el mundo, muchas personas tienen que demostrar su capacidad para mantener sus trabajos), pero en la iglesia no depende de la formación que uno tenga, sino de la capacitación del Espíritu.

En el ministerio, Pablo dice que es cierto: tú no eres capaz. No tienes lo que necesitas. Tu competencia proviene de Dios, y cuando Dios te llama a un puesto, ¡Él *te hace* competente! ¡Te capacita! Cuando confíes en Él, te dará todo lo que necesites. ¡Qué libertad! ¡No es de extrañar que Pablo diga que la letra mata! Tal vez tú has trabajado bajo la presión de actuar de cierta manera y has sentido esa muerte. ¡Dios quita esa presión! Relájate, ama a Dios y a los demás, y permite que su fuerza y su ministerio fluyan a través de ti.

⁷ El ministerio que causaba muerte, el que estaba grabado con letras en piedra, fue tan glorioso que los israelitas no podían mirar la cara de Moisés debido a la gloria que se reflejaba en su rostro, la cual ya se estaba extinguiendo. ⁸ Pues bien, si aquel ministerio fue así, ¿no será todavía más glorioso el ministerio del Espíritu? ⁹ Si es glorioso el ministerio que trae condenación, ¡cuánto más glorioso será el ministerio que trae la justicia! ¹⁰ En efecto, lo que fue glorioso ya no lo es, si se le compara con esta excelsa gloria. ¹¹ Y si vino con gloria lo que ya se estaba extinguiendo, ¡cuánto mayor será la gloria de lo que permanece!

¡El ministerio cristiano es glorioso!

¿Recuerdas cómo Israel no pudo acercarse al Monte Sinaí debido a la presencia gloriosa de Dios? Una columna de fuego guió al pueblo en el desierto, el rostro de Moisés reflejaba la gloria de Dios y la nube de gloria llenó el templo (Éxodo 13:21-22; 34:29-36; 40:34; 2 Crónicas 5:14; 7:2). Ese era el antiguo pacto de la ley en tablas de piedra, un ministerio que trajo la muerte y la condenación. ¡No hay comparación con la gloria del Nuevo Pacto de justicia y vida, la adopción en la familia de Dios y la plenitud del Espíritu! Y esta gloria perdura, no como la gloria de Moisés que se desvanecía.

¿Ves tu ministerio así? ¿Se ha vuelto tan rutinaria la iglesia que ya no ves la gloria? ¡Abre tus ojos! ¡El ministerio que Dios te dio es glorioso!

¹² Así que, como tenemos tal esperanza, actuamos con plena confianza. ¹³ No hacemos como Moisés, quien se ponía un velo sobre el rostro para que los israelitas no vieran el fin del resplandor que se iba extinguiendo. ¹⁴ Sin embargo, la mente de ellos se embotó, de modo que hasta el día de hoy tienen puesto el mismo velo al leer el antiguo pacto. El velo no les ha sido quitado, porque sólo se quita en Cristo. ¹⁵ Hasta el día de hoy, siempre que leen a Moisés, un velo les cubre el corazón. ¹⁶ Pero cada vez que alguien se vuelve al Señor, el velo es quitado. ¹⁷ Ahora bien, el Señor es el Espíritu; y donde está el Espíritu del Señor, allí hay libertad.

Cuando comprendemos la naturaleza gloriosa del ministerio del Nuevo Pacto, tenemos mucho denuedo para acercarnos al Señor y llevar el mensaje a otros. ¡Estamos ayudándolos a ver la gloria de Dios! ¡Estamos presentando a Cristo, quien quita el velo de sus corazones! ¡Les ofrecemos la libertad y la presencia del Señor!

Si es tan glorioso, ¿por qué es tan difícil para la gente recibirlo? Satanás ha velado el entendimiento de los incrédulos. Cuando oramos, guerreamos y ministramos en el poder del Espíritu y predicamos la Palabra, la gente se vuelve al Señor y se quita el velo.

¹⁸ Así, todos nosotros, que con el rostro descubierto reflejamos como en un espejo la gloria del Señor, somos transformados a su semejanza con más y más gloria por la acción del Señor, que es el Espíritu.

Si has dudado de que el Espíritu Santo es completamente Dios, dice aquí que el Señor es el Espíritu. Lo dice dos veces por énfasis.

Cuando el Espíritu mora en ti, Dios mismo vive en ti y trabaja arduamente para transformarte a su imagen. Eso puede ser doloroso a veces, pero si contemplas la gloria de Dios, mirando a Él, adorándole y viviendo en su presencia, el dolor será devorado por la gloria. ¿Cómo va tu vida? ¿Pueden otras personas ver la imagen de Dios en ti? ¿Puedes ver su imagen en la gente a la que estás ministrando? Debe ser más y más gloria. Hay muchos obstáculos en ese proceso, y algunas veces el velo vuelve a aparecer. ¡Rasga el velo! ¡Busca la gloria de Dios! ¡Fíjate en Él para que su gloria siga aumentando en ti!

7

La lucha con el desánimo

2 Corintios 4

¿Estás luchando con el desánimo? Para muchos de nosotros, es una lucha casi diaria. Pablo tenía muchas razones para desanimarse, pero en el verso 1 (y nuevamente en el versículo 16), Pablo dice "no nos desanimamos". La palabra griega puede significar "sin espíritu y abatido por el miedo, o desmayado por el cansancio y el agotamiento". ¿Qué aprendió Pablo que le permitió superar el desánimo?

¹Por esto, ya que por la misericordia de Dios tenemos este ministerio, no nos desanimamos. ² Más bien, hemos renunciado a todo lo vergonzoso que se hace a escondidas; no actuamos con engaño ni torcemos la palabra de Dios. Al contrario, mediante la clara exposición de la verdad, nos recomendamos a toda conciencia humana en la presencia de Dios. ³ Pero si nuestro evangelio está encubierto, lo está para los que se pierden. ⁴ El dios de este mundo ha cegado la mente de estos incrédulos, para que no vean la luz del glorioso evangelio de Cristo, el cual es la imagen de Dios. ⁵ No nos predicamos a nosotros mismos sino a Jesucristo como Señor; nosotros no somos más que servidores de ustedes por causa de Jesús. ⁶ Porque Dios, que ordenó que la luz resplandeciera en las tinieblas, hizo brillar su luz en nuestro corazón para que conociéramos la gloria de Dios que resplandece en el rostro de Cristo.

Da gracias por el privilegio (y la responsabilidad) de participar en el ministerio glorioso del Evangelio

Pablo comienza el capítulo con "por esto" o "por lo tanto". Siempre que se ven estas palabras en la Biblia, hay que leer lo que vino antes para ver a qué se refieren. La gloria de Dios llena el final del capítulo 3: el ministerio glorioso y nuestra transformación a su gloriosa imagen. (Las divisiones de los capítulos fueron insertadas más tarde y pueden interrumpir el flujo de pensamiento.) Nos ayudará a no desanimarnos si podemos mantener esa visión en medio de las luchas, y recordarnos que Dios nos está moldeando a la imagen de Cristo, incluso en los tiempos difíciles. Pablo es consciente de que no merece participar en esta obra divina: su Dios misericordioso le dio el privilegio de compartir en su gloria; por lo tanto, él es responsable de servirle lo mejor que pueda.

Desenmascarar al dios de este mundo y renunciar a sus obras

Dada la naturaleza exaltada del ministerio, Pablo se ve obligado a confrontar a aquellos que ministran con acciones vergonzosas y métodos turbios, engañan a la gente y distorsionan la Palabra de Dios. Él sufre constante oposición y persecución, bajo tal presión que la muerte es su compañera diaria. ¿Por qué es tan dura la vida si estás en la voluntad de Dios? ¡Estás luchando contra Satanás, el dios de este siglo! Los siervos del diablo harán todo lo necesario para avanzar en su agenda. Quitan el enfoque de Jesús, se exaltan a sí mismos y predican un evangelio centrado en el hombre. El diablo es el maestro del engaño y el padre de la mentira, y ciega alegremente las mentes de los incrédulos (y también de muchos cristianos).

Sabemos que nuestro Dios es el único Señor de este universo. Estamos agradecidos de que Dios haya iluminado nuestros corazones con su luz y oramos para que otros también se iluminen. Sin embargo, Dios le ha dado autoridad a Satanás en esta tierra. Estamos operando en territorio enemigo. El mundo se burla de las verdades que nos parecen tan obvias porque Satanás los ha cegado. Nosotros ayudamos al diablo predicando un evangelio centrado en el hombre y no proclamando claramente a Jesús en palabra, acción y poder. Lamentablemente, nuestros ojos pueden estar tan llenos de las cosas del mundo que casi no vemos el rostro de Jesús lleno de la gloria de Dios, ni lo reflejamos al mundo. En cambio, algunos parecen aburridos legalistas religiosos que no permiten que otros disfruten de la vida.

Es fácil caer en desánimo cuando siempre se enfrenta este tipo de cristianismo falso. Existe una tentación fuerte de hacer lo mismo y así obtener el reconocimiento y el dinero de estos ministros falsos. La respuesta de Pablo es renunciar a esas tácticas, centrarse en la verdad del Evangelio y presentar la Palabra con la mayor claridad posible. Si comprendemos la naturaleza de la batalla, es más fácil luchar contra el desánimo.

7 Pero tenemos este tesoro en vasijas de barro para que se vea que tan sublime poder viene de Dios y no de nosotros. 8 Nos vemos atribulados en todo, pero no abatidos; perplejos, pero no desesperados; 9 perseguidos, pero no abandonados; derribados, pero no destruidos. 10 Dondequiera que vamos, siempre llevamos en nuestro cuerpo la muerte de Jesús, para que también su vida se manifieste en nuestro cuerpo. [11]Pues a nosotros, los que vivimos, siempre se nos entrega a la muerte por causa de Jesús, para que también su vida se manifieste en nuestro cuerpo mortal. [12]Así que la muerte actúa en nosotros, y en ustedes la vida.

Aceptar el sufrimiento y la debilidad como parte de esta vida y seguir adelante

Como si no fuese suficiente pelear con el dios de este mundo y sus siervos, también hay una lucha interior. Dios ha escogido utilizar nuestros cuerpos frágiles para contener el tesoro del Evangelio. Con el envejecimiento y la enfermedad (las mismas cosas contra las que nuestra cultura resiste con toda su fuerza), nos encontramos físicamente decaídos y desgastados. Y estas vasijas también pueden ser frágiles emocionalmente. Es común que el cristiano luche contra la depresión e incluso pensamientos de suicidio. Aunque la batalla puede ser diferente para cada persona, todos enfrentamos muchas cosas que pueden desanimarnos. Pablo fue:

- Atribulado
- Perplejo, en apuros y preocupado, confuso
- Perseguido
- Derribado, golpeado abajo

¡Qué manera de vivir para un gran apóstol y hombre de fe como Pablo, hasta el límite de lo que podía soportar! ¡Este capítulo no les cae bien a aquellos que predican la prosperidad! Dios casi sádicamente permitió estas luchas, pero también siempre le dio a Pablo la fuerza para soportarlas, y en el proceso de acercarse más a Él. ¿Cómo le ayudó a perseverar?

- Nunca fue abatido, aplastado ni angustiado y sin salida.
- Él no llegó al punto de la desesperación.
- Cuando fue perseguido, siempre fue consciente de la presencia de Dios con él.
- Su cuerpo estaba ensangrentado y roto, pero no destruido.

Pablo vivía constantemente con la convicción de la muerte. La cruz de Cristo no solo colgaba de una cadena en su cuello, y no era recordaba solo una vez al año, el Viernes Santo. Pablo vivía en constante peligro de muerte porque servía a Jesús. Posiblemente sufría de su aguijón en la carne, dolor o alguna enfermedad.

Aunque hablamos de la gloria del cielo, muchos de nosotros tememos a la muerte. Nos cuesta ir a un hospital o a un funeral. Pero el cristiano vive con la muerte como su compañera. Crucifica diariamente la carne y sus hábitos pecaminosos. Qué contraste con la forma exagerada en que muchos miman el cuerpo, con los músculos esculpidos durante horas en el gimnasio, el estómago lleno de comida gourmet y la piel masajeada e hidratada con lociones caras.

¿Cómo se comparan las luchas de Pablo con tus desafíos? ¿Te alienta saber que no lo tienes tan mal?

No se trata de ti, todo tiene que ver con Jesús

Toda esta muerte permite a Jesús revelarse en nuestros cuerpos mortales, dejando que demuestre su poder sin duda alguna de quién hace el trabajo. No es de extrañar que el mundo no pueda ver a Jesús en nosotros si estamos muy ocupados escapando de la muerte y exaltándonos a nosotros mismos. Así como Jesús voluntariamente dio su vida por nosotros, Pablo dice que vale la pena sufrir para que otros puedan recibir la vida. En nuestro egoísmo, ¿luchamos contra la muerte, incluso privando a otros de experimentar la vida de Cristo? Estamos muy lejos de la iglesia primitiva, que decía que la sangre de los mártires es la semilla de la iglesia. Muchos países están experimentando persecución; en el sufrimiento y la muerte, Jesús se revela y se glorifica como nunca antes.

El sufrimiento no debe callarte. De hecho, ¡estamos obligados a seguir predicando el evangelio!

13 Escrito está: «Creí, y por eso hablé.» Con ese mismo espíritu de fe también nosotros creemos, y por eso hablamos. 14 Pues sabemos que aquel que resucitó al Señor Jesús nos resucitará también a nosotros con él y nos llevará junto con ustedes a su presencia. 15 Todo esto es por el bien de ustedes, para que la gracia que está alcanzando a más y más personas haga abundar la acción de gracias para la gloria de Dios.

Piensa en el cielo y la gloria de Dios

Sabiendo que Jesús resucitó de los muertos, tenemos plena seguridad de que la muerte ha sido derrotada y estamos destinados al cielo. Debemos compartir ese mensaje de salvación con todo el mundo para que Dios sea glorificado por la efusión de acciones de gracias y alabanzas. ¿Es esta tu pasión? ¡Que multitudes den gracias a Dios y le glorifiquen!

[16] Por tanto, no nos desanimamos. Al contrario, aunque por fuera nos vamos desgastando, por dentro nos vamos renovando día tras día. [17] Pues los sufrimientos ligeros y efímeros que ahora padecemos producen una gloria eterna que vale muchísimo más que todo sufrimiento. [18] Así que no nos fijamos en lo visible sino en lo invisible, ya que lo que se ve es pasajero, mientras que lo que no se ve es eterno.

Mantén la perspectiva: fija los ojos en lo invisible.

Si te fijas en lo que sucede a tu alrededor, te desanimarás. Garantizado. Es muy fácil perder la perspectiva y muy difícil concentrarse en lo invisible, ya que lo que vemos está literalmente frente a nosotros. En algunos países, lo que se ve suele ser muy atractivo, ya sea ese nuevo carro deportivo o la cómoda casa con televisor de pantalla gigante. Si vives en un país destruido por la corrupción, la guerra o el hambre, buscarías más lo invisible. Sé que puede parecer difícil, pero tus problemas realmente no son tan graves y son solo temporales. Dios todavía está en control y te renueva día a día, a pesar de la muerte que te rodea. Hay una gloria eterna esperándote que te hará olvidar todo el dolor.

¡No te desanimes! Quita tus ojos de ti mismo y de tus circunstancias, y fíjalos en lo invisible.

8

¿Listo para algo nuevo?

2 Corintios 5:1-10

¹*De hecho, sabemos que si esta tienda de campaña en que vivimos se deshace, tenemos de Dios un edificio, una casa eterna en el cielo, no construida por manos humanas.* ²*Mientras tanto suspiramos, anhelando ser revestidos de nuestra morada celestial,* ³*porque cuando seamos revestidos, no se nos hallará desnudos.* ⁴*Realmente, vivimos en esta tienda de campaña, suspirando y agobiados, pues no deseamos ser desvestidos sino revestidos, para que lo mortal sea absorbido por la vida.* ⁵*Es Dios quien nos ha hecho para este fin y nos ha dado su Espíritu como garantía de sus promesas.*

En el capítulo 4, Pablo se refiere a nuestros cuerpos como vasos de barro. No son muy fuertes ni resistentes, pero cumplen un propósito importante. Ahora nos da otra imagen corporal no mucho mejor: tiendas de campaña.

Lo que sabemos acerca de esa tienda

- Es mortal y será destruida.
- Está construida por manos humanas.
- Es incómoda—gemimos y estamos agobiados en ella.
- Es terrenal.

- Las personas, por lo general, no moran en tiendas de campaña, sino que las usan temporalmente en el camino a otro lugar.
- Una tormenta, un animal salvaje o un loco pueden romperla y lastimarte; eres vulnerable en una tienda.
- Es frágil, sujeta a fugas y roturas.

Pero Dios tiene una casa eterna esperándote en el cielo, hecha a la medida para ti, y nada puede dañarla. Estás vestido con esa morada celestial; te cubre, te protege y te completa. Cuando ingreses en ella, tu mortalidad será consumida por la pura vida. Dios te diseñó y te hizo para esa vida; no para estar sometido a la pena, a la enfermedad ni a la mortalidad de este cuerpo. De hecho, estos cuerpos son tan inadecuados que nos sentimos desnudos en ellos. Hacemos todo lo posible por arreglar esta tienda y hacerla cómoda, pero, al final, no funciona. No podemos escapar de la inquietud de que estamos desnudos y tiene que haber algo más; así que nos sentimos agobiados y gemimos. Nuestra ropa es tan inadecuada que, en realidad, estamos caminando desnudos. ¡Me pregunto si Dios no se ríe de nuestros intentos de cubrirnos con ropa tan elegante! Algunos maldicen a Dios por todo el dolor, pero realmente deben agradecerle: Él tiene el hogar perfecto preparado para nosotros, y si estuviéramos cómodos en esta tienda, no habría mucha motivación para dejarla por nuestra morada eterna y nuestras hermosas ropas nuevas. Esa ropa será mejor que las modas más caras.

Una garantía de esta morada

¿Cómo puedes estar seguro de que esta morada celestial te espera? Pablo vuelve a referirse a la misma garantía que presentó en el capítulo 1: nos ha dado su Espíritu como garantía de sus promesas. Cuando algo se repite en las Escrituras, es por una razón: él quiere reforzar tu esperanza y darte una gran seguridad. Si tu experiencia en el Espíritu es deficiente, te resulta difícil creer en esta garantía, pero si tienes la plenitud del Espíritu, te dará una gran confianza de que la garantía es real.

A medida que envejecemos, nuestras tiendas se desgastan y las vasijas de barro se rompen, y esta promesa se vuelve aún más preciosa. Tú puedes ser joven y creer que tu tienda es la mejor y que sobrevivirá a cualquier tormenta, pero Dios puede permitir algunas tormentas fuertes para mostrarte que no lo es. En la enfermedad y el quebranto, gemimos y anhelamos ser revestidos de nuestra morada eterna. Esto es normal y parte de la vida, mientras nos preparamos para el paso de esta vida a la eternidad.

Vivimos por fe, no por vista

[6] Por eso mantenemos siempre la confianza, aunque sabemos que mientras vivamos en este cuerpo estaremos alejados del Señor. [7] Vivimos por fe, no por vista. [8] Así que nos mantenemos confiados, y preferiríamos ausentarnos de este cuerpo y vivir junto al Señor. [9] Por eso nos empeñamos en agradarle, ya sea que vivamos en nuestro cuerpo o que lo hayamos dejado. [10] Porque es necesario que todos comparezcamos ante el tribunal de Cristo, para que cada uno reciba lo que le corresponda, según lo bueno o malo que haya hecho mientras vivió en el cuerpo.

Estamos en un verdadero dilema: solo conocemos esta tienda y, más o menos, nos ha servido bien. Honestamente, aunque hay algunas cositas que yo cambiaría, me gusta la mía. Tendemos a aferrarnos a ella, a pesar de la gloria del hogar celestial. Pero nuestra experiencia del Espíritu nos da confianza y, finalmente, nos empuja hasta que preferimos dejar este mundo para estar con el Señor. Mientras tanto, hay tres cosas importantes que te ayudarán a aprovechar al máximo esta vida y a prepararte para la eternidad:

1. **No confíes en tus ojos.** Confía en el Señor y en su Palabra. Ten cuidado con lo que tiene sentido para ti y está aprobado por este mundo. Llena tu mente con pensamientos de Dios y su reino.

2. **Ordena bien tus prioridades.** ¿Cuál es tu primer objetivo en la vida? Está bien tener varias metas, pero tu primer objetivo debe ser complacer al Señor. Eso es lo verdaderamente importante y te impactará por toda la eternidad. Para hacer esto, hay que saber lo que le agrada, lo cual aprendemos de nuestro estudio de la Biblia (y ojalá en la predicación de la iglesia). Cuando amas a alguien, deseas complacerle, y no es gravoso. Cuando agradas a tu cónyuge, su alegría te da placer y también te da beneficios a cambio. Dios recibe verdadero placer cuando ve que sus hijos quieren complacerle, aunque no lo hagan perfectamente.

3. **Hay tanto que nos espera en el cielo, y está garantizado.** Dios es un Padre amoroso que se deleita en preparar cosas buenas para nosotros. Pero recuerda que Él también es un juez justo que merece tu reverencia. Tu salvación es segura, si sigues confiando en Cristo y honrándolo como Señor. Pero todavía vendrás ante su tribunal para recibir lo que te corresponde, tanto lo bueno como lo malo. Hay recompensas y niveles de autoridad que dependen de lo que hiciste en esta vida. Eso es preocupante y debe motivarnos a renunciar a todo lo que desagrada a Dios. Nuestra motivación principal es el amor, pero tal como trabajas

para recibir tu pago, Dios es un "jefe" totalmente justo y te dará lo que te corresponde.

¿Estás emocionado? ¿Es esta una nueva perspectiva para ti? Nuestras tiendas se han vuelto tan elaboradas, y nuestras vidas aquí tan cómodas, que todo esto puede parecer lejano e irreal. Se vuelve más importante a medida que envejecemos, pero nunca sabemos cuándo abandonaremos este cuerpo para estar con el Señor. ¡No esperes más para comenzar a poner en práctica estas pautas!

9

Eres un embajador de Cristo

2 Corintios 5:9-21

El evangelismo es simplemente hablar a otros acerca de Jesús. ¿Cómo te sientes al respecto? ¿Culpable? ¿Temeroso? ¿Emocionado? ¿Apasionado? ¿O prefieres dejar el evangelismo a los fanáticos o expertos? Hechos 1:8 dice que el resultado inevitable de recibir el poder del Espíritu es testificar acerca de Jesús dondequiera que vayas. No tienes que ir de puerta en puerta, ni predicar en las calles o acosar a gente que no conoces y que no quiere hablar de Jesús. No hay una fórmula prescrita de qué decir. Jesús dijo que nos haría pescadores de hombres, no cazadores (Mateo 4:19). Estudia a Jesús y la forma en que se relacionaba con la gente.

En esta porción, Pablo da nueve razones convincentes para sentirse apasionado por la evangelización.

⁹ Por eso nos empeñamos en agradarle, ya sea que vivamos en nuestro cuerpo o que lo hayamos dejado.

1.   **Tu objetivo en esta vida es agradar a Dios.** Jesús dijo que si nos avergonzamos de Él delante de los hombres, Él se avergonzará de nosotros ante el Padre (Mateo 10:32, Marcos 8:38, Lucas 9:26). Dios se complace cuando tienes la fe y la voluntad de hablar a otros acerca de las grandes cosas que Jesús

53

ha hecho por ti. Los ángeles del cielo se regocijan cuando alguien viene a Cristo (Lucas 15:10). Dios no está complacido cuando nos da la oportunidad de hablar acerca de Él, y no lo hacemos.

10 Porque es necesario que todos comparezcamos ante el tribunal de Cristo, para que cada uno reciba lo que le corresponda, según lo bueno o malo que haya hecho mientras vivió en el cuerpo.

2.   **Hablas a otros acerca de Jesús no solo porque estás entusiasmado con Él y lo amas, sino también porque tienes un temor saludable de Dios.** Tienes que rendir cuentas de las oportunidades que desperdiciaste para compartir el Evangelio:

> *Cuando yo le diga al malvado: "¡Vas a morir!", si tú no le adviertes que cambie su mala conducta, el malvado morirá por su pecado, pero a ti te pediré cuentas de su sangre. En cambio, si le adviertes al malvado que cambie su mala conducta, y no lo hace, él morirá por su pecado pero tú habrás salvado tu vida (Ezequiel 33:8 y 9).*

Al lado positivo, serás recompensado por todo lo que hagas en el nombre de Jesús, ya sea dar un vaso de agua fría o compartir el Evangelio (Mateo 10:40-42).

11 Por tanto, como sabemos lo que es temer al Señor, tratamos de persuadir a todos, aunque para Dios es evidente lo que somos, y espero que también lo sea para la conciencia de ustedes.

3.   **El temor de Dios le permitió a Pablo soportar grandes sufrimientos y predicar a Jesús incansablemente.** Él llama al evangelismo "tratar de persuadir a todos". Hay un fundamento

sólido en la historia para la fe en Jesús, y Pablo no tenía miedo de debatir y de entablar diálogo con las mentes más brillantes de su época. ¿Tienes suficiente conocimiento de la Biblia y de la base de tu fe para persuadir a alguien a creer en Cristo? ¿O tienes miedo de que traigan algo que pueda destruir tu fe o que te hagan una pregunta que no puedas contestar? Tienes la responsabilidad de estudiar y prepararte para que no pongas en ridículo ni a ti ni a Jesús. Si no tienes la respuesta, sé honesto y diles que lo investigarás. Y hazlo.

Pablo nunca trató de ocultar quién era. ¡Muchos cristianos andan incógnitos hoy! No tienes que llevar camisetas de Jesús ni una gran cruz, pero lo que eres debe ser obvio en tu estilo de vida y en tu forma de hablar. Dios no está engañado por una apariencia religiosa en la iglesia, mientras eres otra persona con tus amigos. Sé transparente, para que el mundo vea a Jesús en ti. Si no pueden verlo, pregúntate qué parte Él realmente tiene en tu vida.

12 No buscamos el recomendarnos otra vez a ustedes, sino que les damos una oportunidad de sentirse orgullosos de nosotros, para que tengan con qué responder a los que se dejan llevar por las apariencias y no por lo que hay dentro del corazón.

La mayoría de las personas se enorgullecen de las apariencias: ropa, carros y tecnología. Pero puedes tener todos los juguetes del mundo y todavía tener un corazón feo y vacío. No te ocupes de este mundo visible. Cuando la gente se cansa de todo lo externo y se da cuenta de que su corazón está quebrantado o vacío, háblales sobre quién puede sanarlo y llenarlo. Lo que está en tu corazón es lo que le mostrará al mundo que eres diferente y que los atraerá a Jesús. No tienes que impresionar a nadie con la palabrería o las apariencias, ni tratar de venderles a Jesús. *13 Si estamos locos, es por Dios; y si estamos cuerdos, es por ustedes.*

Fanático. Loco. Muchos decían que Pablo estaba loco, sobre todo su familia y amigos en la comunidad judía, donde pudo haber tenido una vida muy cómoda como rabino. El mundo puede pensar que todos los que toman en serio su compromiso con Jesús están locos. ¡Incluso la madre de Jesús dijo que Él estaba fuera de sí (Marcos 3:21)! Pero no te preocupes por lo que dicen. Hoy en día, hay mucha presión para aceptar otros estilos de vida y otras religiones. ¡Las encuestas muestran que la mayoría de los cristianos creen que otras religiones son formas alternativas de llegar a Dios (pewforum.org)! Cada vez más te verán como un fanático si afirmas todo lo que dice la Biblia.

14 El amor de Cristo nos obliga, porque estamos convencidos de que uno murió por todos, y por consiguiente todos murieron.

4. **El amor.** El amor de Cristo, que experimentas a diario. Es un amor por los demás que nunca tenías antes, incluso el amor por el pecador más vil. Es el conocimiento de que Dios amó tanto al mundo que dio a su Hijo unigénito, para que todo aquel que en Él cree sea salvo. Pero ¿cómo van a creer si no han oído?

¿Cómo es posible tener algo que puede salvar a alguien de una eternidad en el infierno y egoístamente no decir nada? Si tuvieras una pastilla para curar una enfermedad, ¿no la repartirías para salvar vidas, sobre todo si no hubiera costo para ti? ¿Cómo puedes vivir como si todo estuviera bien, sabiendo que la Biblia dice que ellos van a sufrir eternamente sin Cristo? Si tienes algo de amor, incluso una simple decencia humana, estás obligado a hacer todo lo posible para que lo sepan, sobre todo tus amigos y familiares.

15 Y él murió por todos, para que los que viven ya no vivan para sí, sino para el que murió por ellos y fue resucitado.

5. **¿Para quién vives?** Desde la infancia, el mundo te ha enseñado que tienes que vivir para ti mismo. Ahora tienes que renunciar a esa mentalidad y vivir para Cristo. Jesús no murió solo por ti, ni por unos cuantos elegidos, sino por todos. Si vives para Cristo, el "yo" y todas sus preocupaciones, como la imagen y el rechazo, ya no tienen mucha importancia. Eso libera tu tiempo y energía para servir a Cristo y cuidar de los demás.

16 Así que de ahora en adelante no consideramos a nadie según criterios meramente humanos. Aunque antes conocimos a Cristo de esta manera, ya no lo conocemos así.

6. **Tu autoimagen y lo importante han cambiado.** Ahora tienes una nueva forma de ver a la gente. No se trata de lo que pueden hacer por ti, cómo se ven o si cumplen con los estándares del mundo. Hay que considerarlos como Jesús los considera, con un corazón de compasión, aceptación y amor incondicional.

17 Por lo tanto, si alguno está en Cristo, es una nueva creación. ¡Lo viejo ha pasado, ha llegado ya lo nuevo!

7. **Tú tienes el poder de introducir a alguien en una vida completamente nueva.** Todos los pecados y errores del pasado son borrados y ellos nacen de nuevo. ¡Qué oferta increíble! ¡Estas son muy buenas noticias! ¿Conoces esa nueva vida? ¿Has dejado todo lo viejo? Esta verdad puede ser aún más poderosa para las

personas mayores con muchos lamentos, quienes pueden sentir que es demasiado tarde para empezar de nuevo o cambiar sus vidas.

[18] Todo esto proviene de Dios, quien por medio de Cristo nos reconcilió consigo mismo y nos dio el ministerio de la reconciliación: [19] esto es, que en Cristo, Dios estaba reconciliando al mundo consigo mismo, no tomándole en cuenta sus pecados y encargándonos a nosotros el mensaje de la reconciliación.

8. ¿Recuerdas cómo estabas lejos de Dios a causa del pecado? Bajo el viejo pacto, los judíos tenían que ofrecer muchos sacrificios, y aún no había una reconciliación completa. En Cristo, tu relación con el Dios del universo es restaurada. Puedes haber pasado tanto tiempo en el Evangelio que has olvidado lo radical y asombroso que es. Dios tomó la iniciativa y pagó el precio extremo: la vida de su propio Hijo. Dios hizo la obra, pero tiene algunas expectativas de ti, como anunciar esta oferta maravillosa a otros. Debe ser una venta fácil, ¿verdad? El mundo gasta mucho dinero en basura, ¡y esto es gratuito! ¡Y Dios encarga este precioso mensaje a ti! ¿Cómo se siente Él si lo guardas para ti mismo y no dejas que nadie lo sepa?

[20] Así que somos embajadores de Cristo, como si Dios los exhortara a ustedes por medio de nosotros: «En nombre de Cristo les rogamos que se reconcilien con Dios.»

9. Dios te ha nombrado embajador del Reino de los Cielos. Si todavía tienes dudas acerca del evangelismo, esto debe convencerte: ¡Esta llamada es del Rey del universo! ¿Puedes imaginar una llamada del presidente de tu país con la noticia de que él te ha nombrado embajador en otra nación? ¿Qué pasaría si lo ignoraras y siguieras viviendo como siempre?

Un embajador representa a su país y lleva la autoridad de su gobierno. Tiene que consultar con su gobierno para conocer su política y luego comunicársela al gobierno extranjero. No puede decir lo que quiera; incluso si no le gusta lo que dice su gobierno, está obligado a apoyarlo.

No puedes ser un embajador autoproclamado. Si yo voy a México y digo que soy el embajador de los Estados Unidos, me pedirán mis credenciales. Si no los tengo, me expulsarían y posiblemente me acusarían de un delito.

Otro ejemplo: si soy un concesionario de Toyota y he vendido mi inventario, puedo llamar a Toyota y con gusto me enviarán otro envío de autos. Pero yo no soy un distribuidor. Si los llamo, se reirán y colgarán el teléfono.

Tú eres autorizado. No necesitas ningún servicio especial de ordenación en tu iglesia. Ya *eres* un embajador de Cristo. Tienes toda la autoridad de Dios Todopoderoso, tal como Jesús mandó a los apóstoles predicar el Reino, sanar a los enfermos y echar fuera demonios. ¿Representas fielmente a tu Rey?

21 Al que no cometió pecado alguno, por nosotros Dios lo trató como pecador, para que en él recibiéramos la justicia de Dios.

Al que no conoció pecado, por nosotros lo hizo pecado, para que nosotros fuésemos libres del pecado y hechos justicia de Dios en Él. Una de las experiencias más hermosas es compartir esas noticias y ver a alguien arrepentirse y nacer de nuevo. ¡Dios te necesita! ¡Hay gente a tu alrededor que desesperadamente necesita a Jesús! Pídele a Dios que te dé la oportunidad de hablar acerca de Cristo esta semana. Deja de lado tus temores y confía en Dios, que Él te usará como su embajador.

10

No recibas la gracia de Dios en vano

2 Corintios 6:1-2

[1]Nosotros, colaboradores de Dios, les rogamos que no reciban su gracia en vano. [2] Porque él dice:

«En el momento propicio te escuché,
y en el día de salvación te ayudé.»

Les digo que éste es el momento propicio de Dios; ¡hoy es el día de salvación!

Dios hace su parte. Tienes su favor. Él te escucha. Vives en la era de la gracia, cuando Dios derrama su favor inmerecido. Habrá un día de juicio, pero hoy es el día de salvación. Dios está disponible para ayudarte. Piensa en todo esto por un minuto. Es muy impresionante.

¡No esperes!

Es una oferta por tiempo limitado. No sabes cuándo se retirará su favor, cuando termine el día de la salvación y llegue el día del juicio. No siempre tendrás su oreja. Si continúas rechazando su ayuda, llegará el momento en que ya no esté disponible.

Tienes que recibir este regalo maravilloso que Dios te ofrece. Es hermoso que Jesús pagó por nuestros pecados en la cruz. Dios quiere empoderarte a través del Espíritu Santo que mora en ti. Pero tienes que recibir esos dones por fe. La gracia de Dios está disponible, pero si sigues haciendo las cosas con tu propia fuerza, no es beneficiosa.

Lo que significa recibir la gracia de Dios en vano

Lo más preocupante es recibir su gracia, pero recibirla en vano, sin impacto alguno en tu vida. Hace un par de años le di a mi hijo un cupón para la escalada en roca. Él estaba emocionado de recibirlo, pero tardó en usarlo. El cupón expiró y se perdió la oportunidad. Había recibido el regalo en vano. Perdí mi dinero, él perdió un momento divertido y yo no estaba muy feliz con él.

Pablo profundiza en esta cuestión de recibir su gracia en vano, después de su discusión sobre la nueva vida en Cristo y nuestra participación en la evangelización. Todo es hecho nuevo: somos reconciliados con Dios, perdonados y vivimos para Cristo. Aunque Pablo escribe a los cristianos, en el versículo 20 del capítulo 5 les implora que se reconcilien con Dios, y en 6:2 dice que es urgente: hoy es el día de la salvación. Aparentemente, Pablo sabía que, incluso con mucha evidencia en Corinto de la gracia de Dios (su favor inmerecido y la abundancia de carismas o dones espirituales), muchos no eran salvos. De hecho, nuestras iglesias están llenas de personas decentes que han estado participando en la vida de la iglesia durante años, pero nunca han nacido de nuevo. Todavía viven para sí mismos y no para Cristo. No están sirviendo como embajadores de Cristo. Todavía queda mucho del viejo hombre visible. Tú puedes ser uno de ellos. Dios puede abrir tus ojos en este momento a la necesidad de un arrepentimiento genuino y una entrega completa a Él.

Fe vacía sin efecto

La palabra traducida "vano" también significa "vacío, sin sentido, para nada". Pablo la utiliza en su primera carta a los corintios (15:2): *Mediante este evangelio son salvos, si se aferran a la palabra que yo os anuncio. De lo contrario, habrán creído* **en** **vano**. Es posible *recibir la gracia de Dios* en vano y *creer* en vano. Alguien puede oír las buenas nuevas y recibirlas sin aferrarse firmemente a la palabra. Él no persevera. En el versículo 10 del mismo capítulo, Pablo dice que él recibió la gracia de Dios, y en su caso no fue en vano. Tuvo el efecto deseado. ¿Cómo lo sabe? Por su vida transformada y su ardua labor por el evangelio. Luego, en el versículo 14, dice que la fe de los corintios sería *inútil* (la misma palabra) si Cristo no hubiera resucitado de entre los muertos.

Por extraño que parezca, es posible creer y recibir la gracia de Dios, pero sin que tenga ningún efecto en tu vida. ¿Has conocido a gente así? Toman una decisión, hacen todas las actividades cristianas habituales, pero hay un vacío. No sostienen la palabra, ni la obedecen, ni caminan por fe. Sus vidas niegan la realidad y el propósito de la gracia de Dios. En ese caso, su religión está vacía y hacen esas cosas en vano. Pablo está preocupado por eso mismo para los corintios. La vida cristiana cuesta trabajo. Si no fuera así, Pablo no habría dedicado tanto tiempo a instruir, exhortar y advertir a la iglesia de Corinto.

¿Qué tienes que hacer?

Algunos dirían que estas personas nunca fueron realmente salvadas. En estos dos primeros versículos del capítulo 6, Dios claramente hace su parte: derrama su gracia y nos ayuda con la plenitud del Espíritu Santo. Pero nosotros todavía tenemos que hacer nuestra parte: recibir su palabra, perseverar y vivir bajo el señorío de Cristo. La salvación comienza con una decisión, pero es mucho más que eso. Se trata de caminar toda tu vida con Jesús.

No puedes forzar a la gente. Dios no obliga a nadie a aceptar a Cristo. Él ofrece su salvación y puede arreglar las circunstancias que nos empujan hacia Él. Su Espíritu Santo abre nuestros ojos y nos atrae a Dios, pero en última instancia, es tu decisión. Dios confía en nosotros para compartir esta oferta asombrosa. Somos sus compañeros de trabajo, un privilegio bastante impresionante en sí mismo. ¿Qué estás haciendo con lo que Dios te ha dado? ¿Estás utilizándolo para su gloria y su reino? Solo unos versos atrás, Pablo dijo que estamos en el mismo equipo; somos embajadores de Cristo. ¿Cómo te va como su compañero de trabajo? ¿Hay alguien con quien tengas que hablar? ¿Tienes que tomar la iniciativa para advertirles que arreglen sus vidas? Hoy es un día de la salvación y de la gracia de Dios. Recíbelas y deja que tengan su efecto transformador en tu vida.

11

Los altibajos de servir a Cristo

2 Corintios 6:3-11

Piedras de tropiezo

³ Por nuestra parte, a nadie damos motivo alguno de tropiezo, para que no se desacredite nuestro servicio.

Las piedras de tropiezo lastiman a muchos creyentes, traen reproche al nombre de Cristo y desacreditan ministerios enteros. El camino cristiano ya es duro; no necesitamos a otros creyentes (sobre todo a líderes) para hacerlo aún más difícil. Jesús promete un juicio severo por cualquiera que haga que sus "pequeños" tropiecen (Mateo 18:6).

- ¿Caminas y ministras de una manera que no hagas tropezar a nadie?
- ¿Hay alguna piedra que tú has puesto en el camino de un hermano? ¡Quítala! ¡Haz su caminata más cómoda!
- ¿Te has tropezado y has sufrido a causa de algún cabezón necio? ¿O porque alguien te usó para sus propios propósitos y beneficios? ¿Te culpaste, cuando en realidad ellos te hicieron tropezar? ¡No dejes que ellos te desanimen de servir al Señor! ¡La culpa no es tuya!

Si tú has tropezado, Dios quiere levantarte y ayudarte a seguir adelante. ¡Pero no te des la vuelta al mismo camino, como un perro que vuelve a su vómito, para tropezar de nuevo! Mantén los ojos abiertos para iglesias o líderes que puedan servir como piedras de tropiezo.

¿Cómo te acreditas a ti mismo?

4 Más bien, en todo y con mucha paciencia nos acreditamos como servidores de Dios:

¿No es orgulloso recomendarse o acreditarse a sí mismo? ¡Parece que no! Si amas a tus ovejas y las ves en peligro, hay que levantarte para advertirlas y rescatarlas. Puede ser necesario señalar los errores de otros (y defender la integridad de tu ministerio):

- ¿A quién sirven? ¿A Dios?
- ¿Buscan primero su reino, para extenderlo?
- ¿Tienen el corazón humilde de Cristo para servir, incluso lavar los pies? ¿O quieren ser servidos?
- ¿Buscan poder, alardear?

¿Cómo se recomienda Pablo a sí mismo?

4 En sufrimientos, privaciones y angustias; 5 en azotes, cárceles y tumultos; en trabajos pesados, desvelos y hambre.

Parece que Pablo no tiene mucho que recomendarse. No son las muestras que esperamos de los grandes hombres de Dios, pero Pablo quiere recordar a los corintios el amor y sacrificio que él demostró cuando los llevó al Evangelio.

¿Crees que lo tienes difícil? ¿Cuánto has sufrido?

- ¿Todavía servirías a Cristo si te llevara a la cárcel?
- ¿Cuántos golpes puedes soportar antes de dejar el ministerio por otro trabajo?
- ¿Conoces hambre y noches sin sueño como resultado de tu dedicación al pueblo de Dios?
- ¿Tienes la paciencia para seguir adelante a pesar de las dificultades y la angustia? Es posible que no sean por algún pecado o debilidad, sino que formen parte de servir a Cristo.

¿O has aceptado la mentira común de que la vida cristiana debería ser fácil y sin problemas? Ten cuidado con los que nunca tienen batallas en sus vidas.

⁶ Servimos con pureza, conocimiento, constancia y bondad; en el Espíritu Santo y en amor sincero; ⁷ con palabras de verdad y con el poder de Dios; con armas de justicia, tanto ofensivas como defensivas;

¿Y tú? ¿Sigues siendo paciente, bondadoso y cariñoso bajo el estrés? Esos son frutos del Espíritu Santo. ¿Te mantienes puro y honesto frente a la tentación de la pornografía en Internet? ¿Mientes como una manera fácil de salir de los problemas? Una vida justa (junto con las armas de la Palabra, oración y el poder del Espíritu) es la mejor defensa contra los ataques del mundo y del enemigo. Pablo estaba rodeado de angustia y tumulto, pero él tenía una fe inquebrantable y una comunión íntima con su Señor que le permitieron un ministerio poderoso.

Lo bueno y lo malo

En lo que sigue, sus afirmaciones contrastantes son tan extremas que Pablo puede parecer esquizofrénico. ¿Es tu vida así a veces, como un niño fluctuante, llevado por doquiera por las ondas? Un día puede haber una unción hermosa en tu iglesia, y en el otro puedas querer renunciar al pastoreado. O puedes estar enamorado de tu esposa un día, y el otro estar listo para el divorcio. Hay una enseñanza popular de que si haces todo conforme a la Palabra, todo estará bien—las experiencias negativas resultan del pecado, la incredulidad o el fracaso. Pero si la experiencia de Pablo es normal, los altibajos son parte de la vida, sobre todo para el líder cristiano. El dicho es cierto: Esto también pasará. Parte de la madurez es reconocer eso y no desesperarse en los días oscuros, y dar gracias a Dios por el don de un día bueno. Así, Pablo describe los altibajos de su ministerio:

8 por honra y por deshonra (DHH: Unas veces se nos honra, y otras veces se nos ofende),

por mala y por buena fama;

veraces, pero tenidos por engañadores (NTV: Somos sinceros, pero nos llaman impostores);

9 conocidos, pero tenidos por desconocidos (NTV: Nos ignoran aun cuando somos bien conocidos);

como moribundos, pero aún con vida;

golpeados, pero no muertos;

10 aparentemente tristes, pero siempre alegres (NTV: Hay dolor en nuestro corazón, pero siempre tenemos alegría);

pobres en apariencia, pero enriqueciendo a muchos;

como si no tuviéramos nada, pero poseyéndolo todo.

Anhelamos la fama, la felicidad y la prosperidad, pero cuando Pablo fue martirizado, no tuvo posesiones materiales ni dinero, y fue despreciado por muchos. Sin embargo, dejó un legado que perdura hasta hoy. ¿Estás dispuesto a aceptar y soportar ambos extremos? Las cosas a tu alrededor siempre cambian, pero Cristo nunca cambia. Regocíjate en Cristo, incluso en la aflicción, consciente de que tu valor y emociones no se basan en las circunstancias, tu popularidad o tu riqueza, sino en Dios.

Corazones abiertos

[11] *Hermanos corintios, les hemos hablado con toda franqueza; les hemos abierto de par en par nuestro corazón.* [12] *Nunca les hemos negado nuestro afecto, pero ustedes sí nos niegan el suyo.* [13] *Para corresponder del mismo modo —les hablo como si fueran mis hijos—, ¡abran también su corazón de par en par!*

Pablo suena como Dios en muchas profecías del Antiguo Testamento: un amante no correspondido que ha hecho muchas cosas solo para ser rechazado. Estos son sus hijos espirituales, y Pablo anhela su amor. El desafío (en cualquier tipo de relación) es seguir amando y rechazar la amargura, como lo hace Dios con nosotros. Esto puede ser difícil si has encontrado la misma oposición que Pablo experimentaba. Ante la tentación de cerrar tu corazón:

- Habla libremente y honestamente, dándoles todos los consejos de Dios.
- Abre tu corazón de par en par a ellos.
- No les niegues tu cariño. Al igual que el afecto de un padre por sus hijos, expresa lo que hay en tu corazón.

Creo que Pablo diría que el rechazo de los corintios lo lastimó más que todos los golpes que tuvo que soportar. ¿Tienes a alguien que te haya ministrado mucho y que esté sufriendo porque le has dado la espalda? Si tú has sido decepcionado por un pastor o un padre espiritual, si has cerrado tu corazón y estás reteniendo tu afecto, confía en Dios y abre tu corazón de par en par. Dios anhela restaurar esa relación.

Es una lucha diaria seguir a Cristo, sobre todo en el ministerio. No estás mal si pasas por tribulaciones. Coge ánimo del ejemplo de Pablo para seguir adelante, firme en tu esperanza en Dios y fiel a tu llamado.

12

Somos templo del Dios viviente

2 Corintios 6:14-18

Un templo de Dios tiene que ser santo. ¿Qué significa la santidad para ti? ¿Cómo se vive separado del mundo? Algunos se retiran a los monasterios o comunas cristianas. Otros no van al cine, a los bailes ni a la playa. Algunos ni siquiera tienen televisión ni permiten que las mujeres lleven pantalones. Una secta en Estados Unidos, los Amish, rechaza cualquier comodidad moderna y no tiene casi nada que ver con el mundo. Quienes rompen las reglas son rechazados.

En el otro extremo están los muchos cristianos que se sienten libres para beber alcohol (por supuesto, con moderación) y mirar películas con mucho sexo, violencia o temas diabólicos. Evitan los peores pecados, pero sus vidas son muy similares a las de cualquier otra persona. Tal vez la única diferencia es que van a la iglesia, leen la Biblia y escuchan música cristiana.

Los fariseos criticaban mucho a Jesús porque pasaba tanto tiempo con los "pecadores". Se escandalizaron porque Jesús comió con un publicano y permitió que una prostituta ungiera sus pies con aceite. Sin embargo, Jesús nunca pecó y siempre les mandó que se arrepintieran. En su primera carta a los Corintios (5:9-10), Pablo clarificó que tenemos que separarnos de aquellos

71

que se llaman a sí mismos cristianos pero siguen practicando el pecado; no nos separamos de la gente inconversa, porque entonces tendríamos que retirarnos del mundo.

Jesús estaba mucho más preocupado por lo que está en el corazón que por lo que está fuera:

> *¿No se dan cuenta de que todo lo que entra en la boca va al estómago y después se echa en la letrina? Pero lo que sale de la boca viene del corazón y contamina a la persona. Porque del corazón salen los malos pensamientos, los homicidios, los adulterios, la inmoralidad sexual, los robos, los falsos testimonios y las calumnias. Éstas son las cosas que contaminan a la persona, y no el comer sin lavarse las manos* (Mateo 15:17-20).

Jesús fue implacable en su condena de la hipocresía de los fariseos. Estoy seguro de que lamenta el número de fariseos en la iglesia de hoy que malinterpretan lo que es la verdadera santidad.

[14] *No formen yunta con los incrédulos* (RVR: *No os unáis en yugo desigual con los incrédulos*).

Casi siempre escuchas este versículo aplicado al matrimonio, y con razón. El Antiguo Pacto estrictamente prohibió que el pueblo de Dios se casara con los no creyentes de las naciones circundantes. Los matrimonios mixtos fueron la raíz de muchos problemas, sobre todo para Salomón, cuyas numerosas esposas extranjeras lo llevaron a la idolatría. Si Cristo es el Señor y centro de tu vida, ¿cómo es posible hacer un pacto de matrimonio con alguien que no comparte tu fe? Si no estás casado, ni siquiera contemples la posibilidad de una relación con alguien que no conoce a Jesús; espera en el Señor por una pareja cristiana. Si ya estás casado, Pablo nos aconseja permanecer en el matrimonio, sea cristiano o no (1 Corintios 7:12-16).

Sin embargo, el mandamiento no se limita al matrimonio. Se aplica a cualquier asociación; puede ser una sociedad de negocios o cualquier cosa que te deje unido en yugo desigual con un incrédulo y ponga en peligro la pureza de tu devoción a Cristo. Si tienes una inquietud, probablemente es el Espíritu Santo advirtiéndote. Deja que Él te guíe en cada situación. ¿Conoces a algún cristiano que haya sufrido a causa de un yugo desigual?

¿Qué tienen en común la justicia y la maldad?

Son polos opuestos. La maldad invita a la ira y al juicio de Dios; fue por ese pecado que Cristo murió en la cruz. La justicia le agrada y debe ser el resultado natural del nuevo nacimiento. Quienes intenten participar en ambos se encontrarán con un intenso conflicto interior. Apagarán al Espíritu Santo y les será difícil entrar en la presencia de Dios.

La palabra griega que conocemos como "maldad", traducida literalmente, significa "anarquía", en referencia a aquellos que se rebelan contra la autoridad y están empeñados en hacer las cosas a su manera. Los creyentes se comprometen a obedecer a Dios, sometiéndose a Él y a las autoridades que Él ha instituido. No es posible que la justicia y la maldad caminen juntas en armonía.

¿O qué comunión puede tener la luz con la oscuridad?

Está bien tener amigos no creyentes, pero no esperes a experimentar la verdadera comunión con ellos. Si estás andando en la luz y te resulta difícil tener comunión con ciertos hermanos, puede ser porque hay oscuridad en sus vidas. No importa lo duro que intentes promover la unidad y juntarse, simplemente no funciona. Por otro lado, debe ser una comunión natural con las personas que caminan en la luz. La relación con una persona que esconde un pecado en la oscuridad se verá afectada negativamente. Esto sucede mucho con los hombres que se dedican a la pornografía en Internet. ¿Y tú? ¿Estás caminando plenamente en la luz, o hay cosas que confesar, posiblemente a otro hermano?

¹⁵ ¿Qué armonía tiene Cristo con el diablo?

Cristo vino a destruir las obras del diablo. Hay guerra entre ellos, y es probable que hayas sido herido en ella. Si hay discordia en tu vida, puede ser porque estás tratando de servir a Cristo y también al diablo. Eso puede ser la raíz de los problemas en una iglesia u organización cristiana también. Cuando Cristo es el Señor, hay armonía interior y con los demás creyentes.

¿Qué tiene en común un creyente con un incrédulo?

Hoy, la respuesta probablemente sea: mucho. Los dos miran las mismas películas y programas de televisión, van a los mismos clubes, escuchan la misma música y juegan los mismos videojuegos. No debería ser así. Debe haber una diferencia notable, aunque no necesariamente en la forma externa y legalista, como muchos lo interpretaban en el pasado.

[16] ¿En qué concuerdan el templo de Dios y los ídolos?

Israel tenía normas muy estrictas para la construcción y mantenimiento del templo, pero una y otra vez cayó en la idolatría. Asimismo, tenemos normas claras para la iglesia en el Nuevo Testamento. No hay lugar para los ídolos. Tal vez hoy no tengamos imágenes en nuestros hogares o iglesias, pero nuestros ídolos son el dinero, el entretenimiento, la tecnología y el sexo. Tratamos de forjar un acuerdo entre ellos y Dios, cuando no hay ninguno.

Porque nosotros somos templo del Dios viviente.

¿Tú y yo? ¿Templos del Dios omnipotente de todo el universo? ¿Es decir que Dios no necesita esos edificios tan impresionantes? ¿Entiendes lo radical que es? Tu cuerpo es un templo del Espíritu Santo. ¿Está limpio? ¿O contaminado con pecado sexual, comida excesiva y poco saludable, alcohol, drogas o tabaco? La congregación de creyentes en algún lugar es una iglesia, y ellos (no el edificio) son un templo del Señor. Ese templo debe ser tratado con el mismo cuidado.

Como él ha dicho: «Viviré con ellos y caminaré entre ellos. Yo seré su Dios, y ellos serán mi pueblo.»

Tú anhelas vivir en comunidad, en una familia, con el compromiso de compartir tu vida. De la misma manera, desde el principio, Dios ha anhelado un pueblo que lo reconozca por lo que es y se deleite en Él. ¡Él quiere vivir con nosotros y caminar entre nosotros! ¿Es eso tu experiencia? ¿La experiencia de tu iglesia? Si no, ¿es posible que te hayas acomodado demasiado con el mundo y que Dios ya no esté caminando contigo?

[17] Por tanto, el Señor añade:

«Salgan de en medio de ellos
y apártense.
No toquen nada impuro,
y yo los recibiré.»

Para ser recibido por Dios, tienes que arrepentirte, dejar el pecado y el mundo atrás, y ser santificado, separado para Dios. Entonces, no toques nada impuro. ¿Qué tocan tus ojos y tu mente en la televisión, internet o los videojuegos? ¿Qué clase de impureza está presente en tu vida, tu casa o tu iglesia? ¿Es tiempo de una limpieza en la casa? ¿Es posible que esa impureza te haga sentir distante de Dios? ¡Él no puede recibirte hasta que tomes decisiones audaces para separarte de la escoria del mundo!

[18] «Yo seré un padre para ustedes,
y ustedes serán mis hijos y mis hijas,
dice el Señor Todopoderoso.»

¿Quieres un papá? ¿Siempre has deseado una mejor relación con tu padre? ¡Dios te está pidiendo que le des ese lugar! ¡Él quiere que tú seas su hijo! ¿Cómo puedes darle la espalda a Dios? Tal vez has conocido el rechazo de un hijo. ¡Imagina cuánto le duele a Dios! ¡Él quiere una familia! Pero seguimos rompiendo las reglas de la familia:

> **No puedes experimentar esta relación hermosa**
> **e íntima mientras estés en un yugo desigual e**
> **inmerso en el mundo.**

El cristianismo no es una religión rígida con muchas reglas; es una relación íntima con el Señor del universo en una nueva familia. Nuestra familia de origen es importante, pero cuando hay un conflicto de lealtades, como suele ocurrir, debemos seguir adelante con nuestra nueva familia. El privilegio de ser adoptados en la familia de Dios, en calidad de coherederos con Cristo, es mucho mayor que los placeres temporales (y, en última instancia, insatisfactorios) que dejamos atrás en este mundo.

7:1Como tenemos estas promesas, queridos hermanos, purifiquémonos de todo lo que contamina el cuerpo y el espíritu, para completar en el temor de Dios la obra de nuestra santificación.

Estas cosas no solo suenan bien. Son promesas que Dios ha hecho para ti. Son una oferta de la vida más increíble que se pueda imaginar. ¿No hay suficientes mujeres u hombres cristianos? ¿Vale la pena renunciar a todo lo que Dios te ofrece por toda la eternidad para casarte con alguien que no conoce a Cristo? ¿Realmente te satisfacen la pornografía y la inmundicia de este mundo?

Hay tres cosas que Dios te llama a hacer:

- Purifícate de todo lo que contamina el cuerpo. Yo conozco a muchos hombres muy espirituales que son gordos y están destruyendo sus cuerpos con mucha basura. Hay algo malo allí. Echa un vistazo serio a lo que llenes tu cuerpo. Es un templo del Espíritu Santo y debe ser tratado como algo sagrado, no como algo que se pueda abusar como quisiéramos. La purificación inicial puede incluir un ayuno para limpiar tu cuerpo de toxinas y la eliminación de alcohol, drogas o tabaco.

- **Purifícate de todo lo que contamina el espíritu.** Conversaciones, libros, revistas, programas de televisión, sitios de Internet, videojuegos, fantasías... La lista es larga. El hecho es que vivimos en un mundo espiritualmente contaminado y es muy difícil evitarlo. Sería genial si pudiéramos simplemente lavarnos y deshacernos de todas las impurezas de la mente. Pero Dios nos ha dado buenas memorias, y las cosas que contaminaron mi espíritu hace treinta años todavía vuelven vívidamente. Gracias a Dios por la sangre de Jesús que nos limpia. Examina tu mente, renuncia a toda impureza y pide por la liberación de tu mente. Haz un inventario de lo que toca tu espíritu cada día y decide eliminar todos los contaminantes. Puede haber oposición de tu familia y amigos, pero mantente firme. Vale la pena. Tu espíritu también puede estar contaminado por la ira, la amargura, el odio y la falta de perdón. Pídele a Dios que te revele lo que hay y te limpie.

- **En el temor de Dios, completa la obra de tu santificación.** Nadie es perfecto, pero Dios nos llama a dedicarnos a la santificación. Si tienes algún temor de Dios y las consecuencias del pecado, si rindes culto a Dios o lo amas como a tu padre, tu objetivo debe ser perfeccionarte en la santidad.

¿Quieres más intimidad con Dios y con otros creyentes? ¿Tienes que limpiar y arreglar tu templo o romper un yugo desigual?

¿Dejar algunas cosas del mundo atrás? ¿Estás listo para deshacerte de los contaminantes? ¡Es hora de darle al Señor un templo digno de su presencia!

13

La importancia del compañerismo

2 Corintios 7:2-7

El diccionario define la palabra "intenso" como "apasionado y vivo, con gran celo y energía; expresar sentimientos fuertes o seriedad de propósito".

El apóstol Pablo era intenso. Las relaciones intensas pueden producir conflictos y ansiedad, como lo que ocurrió entre Pablo y los corintios. Mira cómo Pablo les escribió:

2 Hagan lugar para nosotros en su corazón. A nadie hemos agraviado, a nadie hemos corrompido, a nadie hemos explotado. 3 No digo esto para condenarlos; ya les he dicho que tienen un lugar tan amplio en nuestro corazón que con ustedes viviríamos o moriríamos. 4 Les tengo mucha confianza y me siento muy orgulloso de ustedes.

Cuando otros no comparten esa intensidad

Pablo tenía muchos hijos espirituales, y cada uno era importante para él. A pesar de los problemas, estaba orgulloso de los corintios y con mucho gusto moriría por ellos, lo que hizo que su rechazo fuera aún más doloroso. Puede parecer más seguro cerrar el corazón y terminar la relación, pero eso realmente no sirve. Pablo había escogido ser vulnerable y abrir su corazón (lo cual incluye hablar francamente con ellos), aunque eso puede provocar más conflictos.

Lamentablemente, la intensidad de Pablo no fue compartida por los corintios. Para ellos, fuera de vista, fuera de mente. Otros (falsos) apóstoles estaban allí y les ofrecían más. La iglesia estaba muy viva y próspera. En lugar de sentirse orgullosos de Pablo, se sentían avergonzados de él. No tenían ninguna malicia hacia él; simplemente, no era tan importante para ellos y probablemente no se dieron cuenta del dolor que Pablo estaba experimentando. Hubo algunos malentendidos, pero Pablo había exagerado los problemas y, en realidad, sus peores temores no estaban justificados.

Lo mismo puede suceder en un matrimonio. Por ejemplo, una mujer en casa con los niños centra su atención y afecto en la familia, mientras que su marido está ocupado trabajando, viajando y disfrutando de la aclamación del mundo. En comparación, su esposa y sus preocupaciones pueden parecer menos importantes. Por supuesto, un hombre también puede extrañar a su mujer, quien casi puede olvidarlo con el enfoque que ella tiene en los niños, su familia y amigos, o en su carrera. En los dos casos, es posible exagerar el problema y casi destruir el matrimonio con sus temores.

Ya sabemos que la infidelidad o el abuso de confianza pueden resultar en un corazón cerrado, pero Pablo ha sido ejemplar en sus tratos con los corintios. Él y sus compañeros:

- No han agraviado (hecho mal) a nadie
- No han corrompido a nadie (llevado a nadie por mal camino)

- No han explotado a nadie (engañado o aprovechado de nadie)

¿Puedes decir lo mismo de tu ministerio y relación con otros? Pablo implica que los falsos apóstoles habían hecho las tres cosas. Es posible que tú hayas sido herido por alguien en el ministerio que se aprovechó de ti, o que hayas sido traicionado y corrompido por alguien que te lastimó, y que te sea difícil perdonar o confiar en alguien. Muchos creyentes han abandonado la iglesia a causa de estas malas experiencias. No hagas nada para lastimar el cuerpo de Jesús, porque tendrás que rendir cuentas a Dios.

Temores por dentro, conflictos por fuera

⁴Estoy muy animado; en medio de todas nuestras aflicciones se desborda mi alegría. ⁵Cuando llegamos a Macedonia, nuestro cuerpo no tuvo ningún descanso, sino que nos vimos acosados por todas partes; conflictos por fuera, temores por dentro. ⁶Pero Dios, que consuela a los abatidos, nos consoló con la llegada de Tito, ⁷y no sólo con su llegada sino también con el consuelo que él había recibido de ustedes. Él nos habló del anhelo, de la profunda tristeza y de la honda preocupación que ustedes tienen por mí, lo cual me llenó de alegría.

Esta carta confirma que un gran hombre de fe no necesariamente tiene una vida feliz y sin problemas. Jesús era un hombre de dolores, experimentado en el quebrantamiento. Pablo fue acosado a cada paso, oprimido en todos los sentidos y afligido en cada vuelta, aunque estaba en la voluntad de Dios y trabajaba para su gloria. Dios llamó a Pablo y a sus compañeros a Macedonia, pero tenían un montón de problemas. No encontraron nada del reposo prometido por Jesús. No solo había conflictos en torno a ellos, sino que también fueron afectados por temores internos. Sabemos que el miedo no es de Dios y que su amor perfecto echa fuera el temor, pero no sientas como si hubiera algo malo contigo o con tu fe si luchas con el miedo. Incluso el apóstol Pablo tenía esa lucha y tampoco estaba experimentando el gozo del Señor. Estaba abatido, pero de alguna manera podía sentirse muy alentado. Como él compartió en el primer capítulo, Dios nos consuela muchas veces por medio del consuelo que otros han recibido. En este caso, el consuelo fue a través de la llegada de un hermano amado y buenas noticias de la misma gente sobre quien Pablo estaba agonizando. Nada cambió en sus circunstancias, pero esto le dio una gran alegría, una alegría sin límites. A veces, cuando la vida es muy difícil, las pequeñas bendiciones nos dan más gozo que lo que experimentamos cuando todo está bien.

Consuelo y gozo en relación con otros

Ya sabemos por el segundo capítulo cuán angustiado estaba Pablo cuando no encontró a Tito en Troas. Este hermano, obviamente, era muy querido para él, y su venida fue suficiente para elevar su ánimo. Aún mejor, trajo buenas noticias. Lejos de las preocupaciones de Pablo de que los corintios maltratasen a Tito, lo consolaron, le aseguraron su gran preocupación y amor por Pablo, y expresaron su pesar por los problemas del pasado. Antes de los días de teléfonos celulares y correos electrónicos, tenían que esperar meses para recibir esta noticia. Si has esperado ansiosamente durante un par de horas las noticias de un ser querido, imagina cómo se sintió Pablo esperando durante semanas o meses. ¡Te obliga a confiar en Dios y a entregarle la situación a Él!

Pablo recibió consuelo y alegría de estos queridos hermanos. Fue suficiente para apoyarle en los tiempos difíciles. ¿Tienes este tipo de compañerismo? Muchos cristianos de hoy no se congregan. La televisión e Internet no son sustitutos de las relaciones de la vida cotidiana. Vale la pena invertir en ellas y luchar por ellas, aunque (como hemos visto con Pablo) pueden ser dolorosas.

¿Tienes que asegurarle a alguien que todo está bien entre ustedes? ¿Eres consciente de que los pastores y otros líderes cristianos necesitan consuelo y aliento? ¿Puedes ser un Tito para un Pablo? ¿Puedes animar a un hermano en sus conflictos y temores? ¿Tienes conflictos por fuera y temores por dentro?

14

Remordimientos y lamentos

2 Corintios 7:8-16

⁸ Si bien los entristecí con mi carta, no me pesa. Es verdad que antes me pesó, porque me di cuenta de que por un tiempo mi carta los había entristecido. ⁹ Sin embargo, ahora me alegro, no porque se hayan entristecido sino porque su tristeza los llevó al arrepentimiento. Ustedes se entristecieron tal como Dios lo quiere, de modo que nosotros de ninguna manera los hemos perjudicado. ¹⁰ La tristeza que proviene de Dios produce el arrepentimiento que lleva a la salvación, de la cual no hay que arrepentirse, mientras que la tristeza del mundo produce la muerte.

¿Hay cosas que lamentas? ¿Has dicho algo a toda prisa que lastimó a un ser querido, solo para lamentarlo más tarde? Pablo lo hizo. Escribió una carta "dolorosa" a los corintios y se sintió mal cuando se enteró de lo mucho que los lastimó. ¿Te dijo tu papá: "Esto me duele más a mí que a ti" mientras él te pegó? De niño, pensé que eso era ridículo. Ahora, como padre, entiendo lo difícil que es lastimar a un hijo que amas, pero lo hacemos confiando en que es por su propio bien. Así fue para Pablo y su carta dolorosa. Puede ser que tengas que enfrentarte a alguien con la verdad, incluso cuando lamentas su reacción inmediata. Al Señor no le gusta confrontarnos con nuestro pecado y lastimarnos, pero lo hace sabiendo que es para nuestro beneficio. Nosotros podemos estar torpes en nuestros intentos, pero vale la pena intentarlo. Solo ten cuidado de no desanimar a la persona hasta que renuncie al Señor o, en rebeldía, haga algo aún peor.

Hay dos reacciones muy distintas posibles cuando te enfrentas a alguien con su pecado:

La tristeza del mundo

La primera es sentirse mal, hasta que te hundes en depresión y amargura, pero no te motiva hacer nada al respecto. He visto a muchos reclusos responder a la corrección de Dios con la tristeza del mundo, la cual ni produce un cambio ni dura. Se sienten mal por las consecuencias de su pecado (ser arrestados), pero no por la ofensa a Dios o a otros. Es la mezcla melancólica de la auto-compasión y el autodisgusto, llamada remordimiento. El hombre que sigue este camino tendrá muchos lamentos. Demasiadas veces he recibido noticias de la muerte de un exconvicto porque no hubo un arrepentimiento genuino en su vida. De hecho, Pablo dice que, dado que nunca abandonan el pecado, la tristeza del mundo siempre lleva a la muerte.

En tu ministerio, vigila la tristeza del mundo. Ora por ellos y adviérteles del peligro. Nunca les des la falsa impresión de que están bien, cuando tú (y Dios) ven claramente lo que hay en sus corazones. Predica la necesidad de un arrepentimiento genuino. No tomes el pecado a la ligera, ni des excusas por su rebelión; eso puede dar lugar a la tristeza del mundo. Un evangelio centrado en el hombre, enfocado en lo que Dios hace por ti, puede fomentar actividad religiosa, pero sin una verdadera conversión. Hay que predicar la santidad de Dios y el costo del discipulado.

La tristeza que proviene de Dios

En marcado contraste, la tristeza que proviene de Dios es el verdadero quebrantamiento y el arrepentimiento genuino. En tu desesperación, clamas a Dios por misericordia y encuentras perdón y un nuevo comienzo. El odio por el pecado y la decisión de cambiar te llevan a la salvación, al nuevo nacimiento y a una vida sin lamentos.

Puede que no te sientas bien ni seas popular guiando a alguien hacia esta tristeza piadosa, pero sigue llamándolos al arrepentimiento genuino. El quebrantamiento no es agradable, pero a menudo es necesario para lograr un verdadero cambio. Es mejor arrepentirse de ser un poco áspero que mirarlos en un ataúd, lamentando un ministerio que produce solo la tristeza del mundo. Muchos dicen que el consejo de Proverbios 13:24 ("Quienes no emplean la vara de disciplina odian a sus hijos") está obsoleto. Hemos sido permisivos con los niños y hemos cosechado una pesadilla. No es fácil, pero es muy importante disciplinar a tus hijos, no en ira o demasiado fuerte, sino con consecuencias apropiadas.

En tu vida cotidiana, vive para no tener lamentos.

[11] Fíjense lo que ha producido en ustedes esta tristeza que proviene de Dios: ¡qué empeño, qué afán por disculparse, qué indignación, qué temor, qué anhelo, qué preocupación, qué disposición para ver que se haga justicia! En todo han demostrado su inocencia en este asunto. [12] Así que, a pesar de que les escribí, no fue por causa del ofensor ni del ofendido, sino

más bien para que delante de Dios se dieran cuenta por ustedes mismos de cuánto interés tienen en nosotros. [13] *Todo esto nos reanima.*

Podría haber sido una carta dolorosa, pero al final Pablo salió reanimado. Además, la carta les dio la oportunidad de mostrar el interés que tienen en Pablo.

Signos de un arrepentimiento genuino

¿Cómo sabemos si hay un arrepentimiento genuino? Esta es la evidencia que Pablo señaló:

- Empeño y fervor (deseo intenso de hacer una cosa, sinceridad y toma en serio el problema).
- Afán por disculparse y recuperar la aprobación de Pablo, ansiedad por limpiar su nombre.
- Indignación (ira causada por algo que es injusto o incorrecto, probablemente en este caso el pecador).
- Temor (de las graves consecuencias si permiten que el pecado continúe).
- Anhelo (ardiente afecto por Pablo y el Señor, y deseo de ver a Pablo).
- Preocupación (por el pecador y su iglesia, y celos por Pablo).
- Disposición para ver que se haga justicia y se castigue al culpable.

Habiendo demostrado que habían hecho todo lo necesario para corregir la situación, los corintios demostraron su inocencia. Las cosas no eran tan malas como temía Pablo.

[13] Además del consuelo que hemos recibido, nos alegró muchísimo el ver lo feliz que estaba Tito debido a que todos ustedes fortalecieron su espíritu. [14] Ya le había dicho que me sentía orgulloso de ustedes, y no me han hecho quedar mal. Al contrario, así como todo lo que les dijimos es verdad, también resultaron ciertos los elogios que hice de ustedes delante de Tito. [15] Y él les tiene aún más cariño al recordar que todos ustedes fueron obedientes y lo recibieron con temor y temblor. [16] Me alegro de que puedo confiar plenamente en ustedes.

Una iglesia que responde al Señor anima a sus pastores y otros líderes. Pablo estaba particularmente agradecido por la forma en que trataron a Tito. Pablo creía que Tito iba a tener dificultades, pero volvió con su espíritu renovado. Como padre, Pablo se había jactado de los corintios a pesar de sus muchas dudas e inquietudes acerca de la iglesia. Puedes sentirte tentado a hablar mal de personas que te han maltratado. Es triste ver a un pastor hablar mal de su congregación a otro pastor. Parte del amor es siempre creer lo mejor de la gente. Pablo no envenenó la mente de Tito con negatividad hacia los corintios. Eso permitió que Tito fuera con un corazón abierto.

Pablo temía que no recibiesen a Tito, pero lo recibieron con temor, profundo respeto y amor. Parte de un arrepentimiento genuino es la obediencia, y cuando Tito vio sus corazones tiernos y obedientes, les tenía aún más cariño.

"Me alegro de que puedo confiar plenamente en ustedes"

De una manera, este versículo 16 es la conclusión de toda la carta hasta este punto. Los dos capítulos siguientes se dedicarán a la ofrenda que Pablo está recogiendo, y los últimos tres capítulos también forman una unidad distinta. A pesar de todas las luchas con esta iglesia, Pablo ha llegado a tener plena confianza en ellos, como un padre afirma su confianza en su hijo a pesar de sus fallas anteriores. Es lo que un creyente sincero anhela oír de su pastor y de su Señor. Pablo los edifica al mismo tiempo que los prepara para su solicitud de una ofrenda.

¿Cómo recibes a alguien que Dios te envía a ti? ¿Es tu deseo fortalecer el espíritu de tus hermanos? ¿Se deleita y se siente orgulloso tu pastor de tu capacidad para recibir enseñanza y corrección? ¿Tienen los ancianos plena confianza en ti? ¿Tienes plena confianza en las personas que están por debajo de tu cobertura?

15

Generosidad

2 Corintios 8:1-12

Cuestiones de dinero y ofrendas siempre son delicadas. Por desgracia, hay abusos y corrupción incluso dentro de la iglesia. Pero la Biblia habla de la importancia de ofrendar para la obra de Dios, y los capítulos 8 y 9 contienen algunas de sus enseñanzas más claras:

¹Ahora, hermanos, queremos que se enteren de la gracia que Dios ha dado a las iglesias de Macedonia. ²En medio de las pruebas más difíciles, su desbordante alegría y su extrema pobreza abundaron en rica generosidad. ³Soy testigo de que dieron espontáneamente tanto como podían, y aún más de lo que podían, ⁴rogándonos con insistencia que les concediéramos el privilegio de tomar parte en esta ayuda para los santos. ⁵Incluso hicieron más de lo que esperábamos, ya que se entregaron a sí mismos, primeramente al Señor y después a nosotros, conforme a la voluntad de Dios. ⁶De modo que rogamos a Tito que llevara a feliz término esta obra de gracia entre ustedes, puesto que ya la había comenzado. ⁷Pero ustedes, así como sobresalen en todo —en fe, en palabras, en conocimiento, en dedicación y en su amor hacia nosotros—, procuren también sobresalir en esta gracia de dar.

Pablo les anima a dar más

Los corintios están orgullosos de su espiritualidad y de su éxito como iglesia, así que Pablo les da un reto: Puesto que ustedes reclaman que sobresalen en todo, asegúrense de sobresalir en esta cuestión de dar también. Una competencia amistosa puede estimular su ofrenda.

Pablo escribió esta carta en Macedonia y tiene un conocimiento íntimo de la situación en esa zona:

* Están en medio de una prueba severa y de pobreza extrema. Además de ser perseguidos por su fe, la provincia fue devastada por una guerra civil y despojada de sus recursos naturales por los romanos.
* A pesar de la prueba, están rebosantes de alegría, y de alguna manera esa alegría se combina con su pobreza para producir una rica generosidad.
* Dieron hasta que dolió; fueron más allá de su capacidad.
* No fue por obligación; *suplicaron con urgencia* el *privilegio* de dar. Tal vez Pablo no quería pedirles mucho porque era consciente de su pobreza.
* Habían dado con un corazón abierto al Señor, a Pablo y a sus compañeros, y ahora, a los hermanos en Jerusalén.

Este ejemplo sirve como un gran desafío para la cómoda y rica iglesia de Corinto.

Estadísticamente, los pobres donan mucho más que los ricos. ¡Tal vez por eso son pobres! Los que tienen más tienden a aferrarse y, incluso, tienen más miedo de que terminen en necesidad.

Cómo motivar a la iglesia a ofrendar

Creo que yo soy como la mayoría de la gente y no me gusta sentirme presionado para dar, y mucho menos ser manipulado, pero estoy muy dispuesto a ayudar si existe una necesidad legítima. Dos cosas son necesarias para motivar a la gente a dar.

Mostrarles oportunidades dignas para dar. Una de las tareas del liderazgo de la iglesia es identificar las necesidades legítimas y darlas a conocer a la iglesia. Pablo sabía que la necesidad de la iglesia de Jerusalén era urgente, y esta ofrenda tenía su respaldo del 100%. Era la iglesia madre, en la ciudad santa donde Jesús ministraba y fue crucificado, y había sufrido hambre y persecución. El apoyo de los creyentes gentiles en todo el imperio fue una demostración importante de su unidad con sus hermanos judíos.

Asegurar a la gente que su dinero será manejado con integridad. Lamentablemente, hay muchos abusos con el dinero. Tú tienes derecho a saber qué hacen con tu dinero y a exigir integridad total. Hace poco leí que el presidente de una organización cristiana de desarrollo muy conocida en los Estados Unidos gana casi US$400,000 al año. Yo no puedo justificar eso. Estudia bien las oportunidades para donar y cómo utilizan el dinero. Ora por la sabiduría y la dirección del Señor, y ten cuidado con las solicitudes emocionales o la presión para dar.

Pablo espera que confíen en su juicio como su padre espiritual. Era prudente nombrar a Tito para recoger el regalo, ya que él tenía una buena relación con los corintios. Pablo no iba a conseguir ni un centavo.

El dar es una gracia

Tres veces en siete versículos, Pablo usa la palabra "gracia". Fue esa gracia de Dios (que Él da generosamente y sin esperar nada a cambio) lo que permitió a las iglesias de Macedonia responder generosamente. Debemos mostrar esa misma gracia hacia los demás. La ofrenda de los macedonios fue un acto de gracia, no basado en sus méritos y sin esperar nada a cambio.

Dar hasta que duele

Cada cristiano debe ofrendar de acuerdo a su capacidad, en proporción a sus ingresos. El diezmo es un buen comienzo. El reto es confiar en Dios y dar más allá de su capacidad. El promedio nacional actual de dar en los Estados Unidos es aproximadamente el 4%. Habría avances masivos en las misiones y servicio cristiano si todos diezmasen; mucho más si dieran hasta que duela.

¿Ves dar como un privilegio? ¿Le has suplicado a alguien el privilegio de darle dinero? ¡Imagina lo encantado que estaría tu pastor! Es una bendición poder ofrendar. Esperemos que más gente pida hacerlo.

8 No es que esté dándoles órdenes, sino que quiero probar la sinceridad de su amor en comparación con la dedicación de los demás. 9 Ya conocen la gracia de nuestro Señor Jesucristo, que aunque era rico, por causa de ustedes se hizo pobre, para que mediante su pobreza ustedes llegaran a ser ricos.

Haz que la generosidad sea tu meta

Dios es un dador, y la generosidad debe ser una marca de cada cristiano. Busca cualquier oportunidad para dar. Modela y enseña la generosidad a tu familia, no sólo con dinero, sino con todo lo que Dios te ha dado. Somos mayordomos; Dios nos encomienda cosas para usarlas sabiamente en beneficio de su reino. Si Él sabe que tienes un corazón generoso, es probable que te dé más para bendecir a otros.

Jesús es el mejor ejemplo de la generosidad. De buena gana soltó todo lo que tenía; terminó su vida sin nada más que una túnica sin costura, y echaron suertes para ella. Tú puedes decir que Él era Dios y sabía que iba a volver a las riquezas del cielo, pero Él llamó a mucha gente rica a regalar todo lo que tenía para seguirle.

¿Está Dios probando la sinceridad de tu amor?

Pablo sabe que el dinero es una gran prueba de la sinceridad de nuestro amor, y va a comparar a los corintios con otras iglesias (especialmente los macedonios) para ver cuán sinceros son. Una cosa es decirle a un hermano en la iglesia "te amo"; y otra cuando él pierde su trabajo o su casa. ¿Puedes pensar en la posibilidad de dar todo tu dinero a una familia pobre para que ellos sean ricos – y tú, pobre? ¿Incluso para dar tu casa? Eso es extremo, y creo que Dios no llama a muchos a hacerlo, pero el dinero y los bienes no son nuestros para guardarlos (o enterrarlos). Santiago escribe: «*Supongamos que un hermano o una hermana no tienen con qué vestirse y carecen del alimento diario, y uno de ustedes les dice: «Que les vaya bien; abríguense y coman hasta saciarse», pero no les da lo necesario para el cuerpo. ¿De qué servirá eso?*» (Santiago 2:15-16)

¿Has considerado siquiera la posibilidad de que Dios te llamase a la pobreza?

[10] Aquí va mi consejo sobre lo que les conviene en este asunto: El año pasado ustedes fueron los primeros no sólo en dar sino también en querer hacerlo. [11] Lleven ahora a feliz término la obra, para que, según sus posibilidades, cumplan con lo que de buena gana propusieron. [12] Porque si uno lo hace de buena voluntad, lo que da es bien recibido según lo que tiene, y no según lo que no tiene.

¿Tienes la voluntad?

El primer paso para dar es la voluntad, no la cantidad que tienes o lo que realmente ofreces. Si tienes la voluntad y un corazón generoso, el resto vendrá naturalmente. Si no puedes dar mucho, no te sientas mal. Da de acuerdo con tus medios. Dios conoce la condición de tu corazón: si eres avaro o si realmente quieres dar todo lo que puedas.

Pablo los ha comparado con los macedonios; ahora desafía a los corintios con sus donaciones anteriores. Fueron los primeros en expresar su interés en dar el año pasado y los primeros en dar. Pablo quiere asegurarse de que al menos igualen lo que hicieron el año pasado. Hubo algunos problemas en la iglesia y en su relación con Pablo que retrasaron la ofrenda, pero ahora que todo está bien, deben seguir adelante. Puede ser que tú hayas pasado por problemas financieros, pero ahora Dios te ha bendecido y la situación ha mejorado. Es necesario reevaluar tus ofrendas al Señor y ser más generoso.

Decide que esta semana vas a cultivar la generosidad. Da hasta que duela. Busca cada oportunidad para dar.

16

La meta es igualdad

2 Corintios 8:13-24

13 No se trata de que otros encuentren alivio mientras que ustedes sufren escasez; es más bien cuestión de igualdad. 14 En las circunstancias actuales la abundancia de ustedes suplirá lo que ellos necesitan, para que a su vez la abundancia de ellos supla lo que ustedes necesitan. Así habrá igualdad, 15 como está escrito: «Ni al que recogió mucho le sobraba, ni al que recogió poco le faltaba.»

La meta es igualdad

Suena bien. Es un concepto muy sencillo: si somos uno en Cristo y amamos a nuestros hermanos, vamos a compartir nuestros bienes con ellos. Para gente acostumbrada al capitalismo e individualismo, puede parecer demasiado como el socialismo o el comunismo, pero hay una gran diferencia: el comunismo se impone a la gente por un gobierno secular; esto es completamente voluntario, viene de un corazón de amor por Dios y su pueblo, y la igualdad es entre los hermanos cristianos. Aunque también debemos preocuparnos por aquellos fuera de la iglesia, la promesa de Dios para la provisión (y el mandato de distribuirla por igual) es para la iglesia: por lo tanto, siempre que tengamos la oportunidad, hagamos bien a todos, y en especial a los de la familia de la fe (Gálatas 6:10).

Esto responde a la pregunta en el versículo 9: ¿Deberías seguir el ejemplo de Cristo y hacerte pobre para que otros puedan ser ricos? Aunque Dios puede llamarte a ese sacrificio, el objetivo general de las ofrendas cristianas es igualar el estatus económico, no dar tanto que tú estés sufriendo. Mi preocupación es la grave desigualdad entre los cristianos en los países ricos y los que ganan solo unos pocos dólares al día. No hay igualdad en el Cuerpo de Cristo hoy.

No estamos hablando de caridad; el versículo 15 asume que todos están trabajando. La Escritura no respalda la idea de algunos perezosos que reciben los frutos de gente trabajadora. Nunca queremos fomentar la irresponsabilidad a través de programas gubernamentales. Pero si estamos prosperando porque tuvimos el privilegio de nacer en un país rico y recibir una buena educación, es un pecado no compartir con alguien muy trabajador sin esas bendiciones. Los corintios prosperaban y los creyentes en Jerusalén sufrían. Si Corinto experimenta una recesión en el futuro, se espera que los demás cristianos acudan en su ayuda. Durante muchos siglos, la Iglesia practicaba esto, predicando contra la avaricia y el exceso, al mismo tiempo que alentaba el trabajo duro. Hoy, la predicación de la prosperidad es un velo fino para la codicia.

Cuando obedecemos sus mandatos, Dios va a proveer suficiente para todo su pueblo, siempre y cuando una parte del cuerpo ayude a la otra. La abundante provisión no es para que algunos vivan la vida buena, mientras otros están en pobreza. Nuestro ejemplo es el maná en el desierto:

Y éstas son las órdenes que el Señor me ha dado: "Recoja cada uno de ustedes la cantidad que necesite para toda la familia, calculando dos litros por persona." Así lo hicieron los israelitas. Algunos recogieron mucho; otros recogieron poco. Pero cuando lo midieron por litros, ni al que recogió mucho le sobraba, ni al que recogió poco le faltaba: cada uno recogió la cantidad necesaria. Entonces Moisés les dijo: "Nadie debe guardar nada para el día siguiente." Hubo algunos que no le hicieron caso a Moisés y guardaron algo para el día siguiente, pero lo guardado se llenó de gusanos y comenzó a apestar. Entonces Moisés se enojó contra ellos (Éxodo 16:16-20).

¿Qué nos enseña esta porción?

- Recoge lo necesario. No codicies.
- Si nadie codicia, Dios asegura que habrá suficiente para todos.
- Dios te dará lo que necesitas: confía en Él para tu pan diario.

Charles Hodge escribió en su comentario:

"Si alguien trató de acaparar su parte, se echó a perder en sus manos. La lección de Éxodo y de Pablo es que en el pueblo de Dios se debe usar la sobreabundancia de uno para aliviar las necesidades de los demás; cualquier intento de contrarrestar esta ley dará lugar a la vergüenza y pérdida. La propiedad es como el maná, no soportará el acaparamiento."

Aprendí esta dura lección hace muchos años. Tenía un viejo Ford Pinto que no estaba usando, y un hermano de la iglesia que no tenía carro quería prestarlo. Por alguna razón (que ni siquiera recuerdo), inventé una excusa falsa (mentí) y le dije que no. El carro funcionaba bien, pero cuando fui a conducirlo un poco más tarde, la transmisión murió y ese carro fue directamente al depósito de chatarra. Estoy seguro de que habría funcionado muy bien para el hermano.

[16] *Gracias a Dios que puso en el corazón de Tito la misma preocupación que yo tengo por ustedes.* [17] *De hecho, cuando accedió a nuestra petición de ir a verlos, lo hizo con mucho entusiasmo y por su propia voluntad.* [18] *Junto con él les enviamos al hermano que se ha ganado el reconocimiento de todas las iglesias por los servicios prestados al evangelio.* [19] *Además, las iglesias lo escogieron para que nos acompañe cuando llevemos la ofrenda, la cual administramos para honrar al Señor y demostrar nuestro ardiente deseo de servir.* [20] *Queremos evitar cualquier crítica sobre la forma en que administramos este generoso donativo;* [21] *porque procuramos hacer lo correcto, no sólo delante del Señor sino también delante de los demás.*

[22] *Con ellos les enviamos a nuestro hermano que nos ha demostrado con frecuencia y de muchas maneras que es diligente, y ahora lo es aún más por la gran confianza que tiene en ustedes.* [23] *En cuanto a Tito, es mi compañero y colaborador entre ustedes; y en cuanto a los otros hermanos, son enviados de las iglesias, son una honra para Cristo.* [24] *Por tanto, den a estos*

hombres una prueba de su amor y muéstrenles por qué nos sentimos orgullosos de ustedes, para testimonio ante las iglesias.

¡Qué bueno saber que un hombre como Pablo está personalmente preocupado por ti y por tu iglesia (versículo 16)! Las traducciones alternativas para "preocupado" son: solicitud, atención y entusiasmo. ¡Qué maravilloso tener a alguien entusiasmado contigo! ¡Y saber que Dios pone ese tipo de solicitud en los corazones de los demás por ti! Mejor aún, Dios tiene esa preocupación y entusiasmo por ti. ¿Te ha dado Dios entusiasmo por otra iglesia? ¿Una preocupación por otros creyentes? ¿Qué estás haciendo al respecto? Actuar en este tipo de preocupación dada por Dios es esencial para el funcionamiento saludable del cuerpo de Cristo.

Cosas específicas para esta ofrenda

- Tito es el hombre encargado de recibir la ofrenda. Él y Pablo son compañeros en el ministerio y están unidos en espíritu. Comparten la misma preocupación dada por Dios por los corintios y por esta ofrenda. Tito es amado por ellos y está entusiasmado con la colecta. Pablo no lo presionó para que se fuera; Tito tomó la iniciativa.

- Un segundo hermano sin nombre (muchos creen que fue Lucas o Bernabé) vendrá con Tito, quien garantiza aún más que el dinero será puesto en buen uso. Este hermano es muy respetado por todas las iglesias y fue elegido por ellas, no por Pablo.

- El equipo se completa con un tercer hermano, también sin nombre. Con el envío de estos ministros importantes, Pablo garantiza el uso de esta colecta. Una nota interesante sobre el versículo 23: el griego dice *apóstoles* de las iglesias. Parece que había un cuerpo reconocido de apóstoles en esa época.

- Un poco de psicología: Pablo llama a su don "liberal", quizás por fe, o utilizando el poder de la sugestión. ¡Está haciendo todo lo posible para asegurar que realmente es liberal! La ofrenda es:
  - o Una prueba de su amor: "Si ustedes no dan, parece que en realidad no tienen amor; pongan en acción el amor."
  - o Una oportunidad para mostrar a los demás por qué Pablo está tan orgulloso de ellos (como un padre que quiere presentar a su hijo a otros miembros de la familia).
  - o Una oportunidad para mostrar a todas las iglesias lo buenos que son los corintios.

Pautas universales cuando se trata de dinero

- Haz todo correcto, no solo ante los ojos de Dios, sino también ante los ojos del mundo. Qué triste que los medios de comunicación tiendan a retratar a los cristianos como charlatanes, abusando del dinero de otras personas. Es aún más triste porque hay una base para ello.
- Recuerda que la gente critica todo lo que no está bien hecho. Maneja el dinero con tanta integridad que estás por encima de las críticas.
- El manejo adecuado del dinero honra y glorifica al Señor; un manejo impropio le deshonra y trae vergüenza a su nombre.

Esta colecta toma mucho tiempo y energía de algunos de los más grandes líderes de la iglesia primitiva. Pablo se comprometió con sus mejores hombres y meses de su tiempo para entregarla. Era muy consciente de su responsabilidad ante Dios e hizo todo lo posible por manejarla con la máxima integridad. ¿Tiene la misma prioridad la ayuda económica a las iglesias necesitadas en nuestros ministerios hoy? ¿Estás dispuesto a predicar lo que la Biblia dice acerca de la igualdad económica entre los creyentes? ¿Das lugar a críticas en tu manejo de las finanzas? ¿Hay algo que debes cambiar en tu iglesia para actuar conforme al ejemplo de Pablo? ¿Estás siendo obediente a Dios en tus propias ofrendas?

17

Vergüenza

2 Corintios 9:1-4

Uno de mis recuerdos más vívidos de la infancia es mi padre diciendo "vergüenza" a mi perro, no en voz muy alta, pero lleno de lo que parecía odio. Mi pobre perro se derretiría cuando lo escuchara, y yo también, porque sentía que mi padre probablemente sentía lo mismo por mí. En estos pocos versículos, Pablo toca el tema de la vergüenza.

Asegurarse de que estén listos para dar

¹En realidad, no necesito escribirles acerca del ministerio de ofrendar para los creyentes de Jerusalén.

A veces tengo que sonreírle a Pablo: si no necesita escribirles, ¿por qué dedicar dos capítulos de su carta a esta ofrenda?

² Pues sé lo deseosos que están de ayudar, y me estuve jactando en las iglesias de Macedonia de que ustedes, los de Grecia, hace un año estuvieron dispuestos a enviar una ofrenda. De hecho, fue su entusiasmo lo que fomentó que muchos de los creyentes macedonios comenzaran a dar.

Ya sea una ofrenda, evangelizando u otro aspecto de la vida cristiana, necesitamos testimonios alentadores que nos impulsen a la acción. Incluso si está teñido de un espíritu competitivo, Dios lo usará para sus propósitos.

- ¿Hay algo en tu vida o en tu iglesia que aliente a otros?
- ¿Hay alguien que te haya incitado a una mayor obediencia y discipulado más profundo? ¿Le has dicho lo agradecido que estás?
- ¿Hay alguna historia inspiradora de la obra de Dios en otra iglesia que motive a tu congregación?

³Les envío a estos hermanos para estar seguro de que ustedes realmente están listos —como les he estado diciendo a ellos— y que ya tienen todo el dinero reunido. No quiero estar equivocado al jactarme de ustedes.

Es malo jactarse de alguien y luego que esa persona falle. Pablo está enviando a este equipo de hermanos para asegurarse de que eso no suceda. Parte del discernimiento de un padre espiritual o supervisor de la iglesia es saber cuándo enviar ayuda y a quién enviarla.

⁴Sería vergonzoso para nosotros —ni hablar de la vergüenza que significaría para ustedes— si algunos creyentes macedonios llegaran conmigo, ¡y encontraran que ustedes no están preparados después de todo lo que les hablé de ustedes!

Como incentivo adicional, Pablo menciona que algunos macedonios se unirán a él cuando viaje a Corinto. Como la presión para limpiar tu casa cuando alguien importante te visita, esto puede motivar a los corintios a prepararse y tener todo en orden. Si no lo hacen, tanto ellos como Pablo pueden avergonzarse. Pablo quiere evitarlo.

¿Qué es la vergüenza?

Se define como "un sentimiento o turbación del ánimo ocasionado por alguna falta cometida, o por alguna acción deshonrosa y humillante, propia o ajena". La sientes después de estar expuesto, especialmente cuando la exposición es inesperada, a aspectos íntimos de ti mismo, y deseas cubrirte u ocultarte. La vergüenza es una herida para la autoestima, implicando un fracaso para alcanzar tus metas o ideales, e incluye sentimientos de inferioridad.

La vergüenza en la Biblia

La vergüenza es una fuerza poderosa, pero no fue parte del plan de Dios para nosotros. *En ese tiempo el hombre y la mujer estaban desnudos, pero ninguno de los dos sentía vergüenza* (Génesis 2:25). Solo sintieron vergüenza cuando pecaron, e hicieron lo que solemos hacer: se cubrieron a sí mismos.

- La vergüenza, en general, es el resultado del pecado, ya sea nuestro o de otra persona: *Señor, tanto nosotros como nuestros reyes y príncipes, y nuestros antepasados, somos motivo de vergüenza por haber pecado contra ti* (Daniel 9:8).

- Es bueno a veces sentirse avergonzado por nuestros pecados, para conducirnos al arrepentimiento: *¿Acaso se han avergonzado de la abominación que han cometido? ¡No, no se han avergonzado de nada, ni saben siquiera lo que es la vergüenza! Por eso, caerán con los que caigan; cuando los castigue, serán derribados»*, dice el Señor (Jeremías 6:15).

- Incluso puede haber momentos en los que tengamos que avergonzar a alguien que está bajo nuestra cobertura, como lo hizo Pablo: *Digo esto para que les dé vergüenza. ¿Acaso no hay entre ustedes nadie lo bastante sabio como para juzgar un pleito entre creyentes?* (1 Corintios 6:5)

Los Salmos frecuentemente imploran a Dios que nos libere de la vergüenza, y que avergüence a nuestros enemigos:

- Si confías en el Señor, tienes la certeza de que no te avergonzarás: *Clamaron a ti, y los salvaste; confiaron en ti y nunca fueron avergonzados* (Salmos 22:5).
- *Quien en ti pone su esperanza jamás será avergonzado; pero quedarán en vergüenza los que traicionan sin razón* (Salmos 25:3).
- Cuando pones tu esperanza y confianza en Dios, Él te librará de la vergüenza. Lo opuesto a la vergüenza es el honor: *Los sabios heredan honra, ¡pero los necios son avergonzados! (sólo merecen deshonra)* (Proverbios 3:35).

La vergüenza se relaciona con el miedo, pero Dios promete la liberación de la vergüenza pasada y del temor a la vergüenza futura.

- *No temas, porque no serás avergonzada. No te turbes, porque no serás humillada. Olvidarás la vergüenza de tu juventud, y no recordarás más el oprobio de tu viudez* (Isaías 54:4).
- *Dios se lo advirtió en las Escrituras cuando dijo: «Pongo en Jerusalén una piedra que hace tropezar a muchos, una*

roca que los hace caer. Pero todo el que confíe en él jamás será avergonzado» (Romanos 9:33).

Incluso el cristiano se enfrenta a cosas que producen vergüenza. Jesús lo experimentó; la cruz fue la forma más vergonzosa de morir, pero por el gozo que le esperaba, soportó la cruz, menospreciando la vergüenza que ella significaba, y ahora está sentado a la derecha del trono de Dios. *Así, pues, consideren a aquel que perseveró frente a tanta oposición por parte de los pecadores, para que no se cansen ni pierdan el ánimo* (Hebreos 12:2-3). Sigan el ejemplo de nuestro Salvador y fijen los ojos en Él, menospreciando la vergüenza.

Es común sentirse vergüenza ajena por algo más allá de tu control, que no es tu culpa. Examina cuidadosamente de dónde provienen los sentimientos de vergüenza y reconoce que el diablo los utilizará para destruirte. En ese caso, renúncialos y regocíjate en tu liberación de vergüenza en Jesús. Lamentablemente, muchas veces traemos la vergüenza sobre nosotros mismos: *El justo aborrece la mentira; el malvado acarrea vergüenza y deshonra* (Proverbios 13:5). Para evitar la vergüenza, presta atención a la corrección: *Pobreza y vergüenza tendrá el que menosprecia el consejo, pero el que guarda la corrección recibirá honra* (Proverbios 13:18).

¡Libre de vergüenza!

¿Te has sentido avergonzado de tus hijos cuando alguien vino a visitarte y ellos se portaron mal? ¿O de una iglesia que estás pastoreando cuando llegó una visita importante? Pablo va a hacer todo lo posible para asegurar que no se avergüence de esta iglesia cuando los otros hermanos la visiten. Como alguien con autoridad, Pablo tenía el derecho y la responsabilidad de trabajar con los corintios para evitar la vergüenza. Tú tienes esa autoridad en tu hogar, y el mismo derecho y responsabilidad. Examina tu vida y tu iglesia para ver si hay algo que te cause vergüenza, y haz lo necesario para solucionarlo. A la misma vez, haz todo lo posible para salvar a tu familia y a tu iglesia de la vergüenza.

¿Te sientes avergonzado por cosas de tu pasado? ¿Hay personas en tu vida que intentan hacerte sentir avergonzado, incluso usando eso como arma en tu contra? Si no has pedido perdón a Dios, ese es el primer paso hacia la liberación. Si todavía estás involucrado en cosas vergonzosas, arrepiéntete y haz los cambios necesarios. Dios quiere liberarte de la vergüenza. Búscalo, entrégale ese peso y todo lo que te ha avergonzado, y regocíjate en su salvación.

18

Sembrando y cosechando

2 Corintios 9:5-15

⁵ Así que me pareció necesario rogar a estos hermanos que se adelantaran a visitarlos y completaran los preparativos para esa generosa colecta que ustedes habían prometido. Entonces estará lista como una ofrenda generosa, y no como una tacañería. ⁶ Recuerden esto: El que siembra escasamente, escasamente cosechará, y el que siembra en abundancia, en abundancia cosechará. ⁷ Cada uno debe dar según lo que haya decidido en su corazón, no de mala gana ni por obligación, porque Dios ama al que da con alegría. ⁸ Y Dios puede hacer que toda gracia abunde para ustedes, de manera que siempre, en toda circunstancia, tengan todo lo necesario, y toda buena obra abunde en ustedes. ⁹ Como está escrito:

«Repartió sus bienes entre los pobres;
su justicia permanece para siempre.»

¹⁰ El que le suple semilla al que siembra también le suplirá pan para que coma, aumentará los cultivos y hará que ustedes produzcan una abundante cosecha de justicia. ¹¹ Ustedes serán enriquecidos en todo sentido para que en toda ocasión puedan ser generosos, y para que por medio de nosotros la generosidad de ustedes resulte en acciones de gracias a Dios.

El tema en este pasaje (como en el capítulo 8) es la generosidad. En algunas traducciones, la palabra aparece seis veces en estos pocos versículos. La generosidad debe ser un resultado natural de conocer a Jesús y tener su corazón. Los corintios ya habían prometido ser generosos, pero a veces necesitamos un estímulo adicional para cumplir nuestras promesas.

¡Extorsión!

"Tacañería" significa mezquindad o la inclinación a realizar los menores gastos posibles. Pablo sabía que se puede dar de mala gana o por obligación. Eso es legalista, traiciona un corazón egoísta y disgusta a Dios. Algunas traducciones usan la palabra *"extorsión"*. ¿Alguna vez te has sentido extorsionado en la iglesia? ¿Como si alguien estuviera tratando de quitarte dinero? Ora y decide qué dar y luego hazlo; es algo entre tú y Dios. Dios quiere darte un corazón alegre que busca oportunidades para compartir la abundancia que Él te ha dado. O sacrificar lo poco que tienes si no has sido bendecido con abundancia en este momento. ¿Quieres experimentar más del amor de Dios? ¡Desarrolla un corazón abierto y generoso! ¡Él ama eso!

Sembrando y cosechando

El principio de sembrar y cosechar es muy popular hoy en día. Claro que es verdad, pero Pablo nunca imaginó que lo usaría para manipular a la gente con la expectativa equivocada y egoísta de obtener más riquezas para sí mismo. Cuando Dios ve a un hombre sincero, con un corazón generoso, sembrando libremente lo que le ha dado, va a derramar más para que pueda dar más. Dios te promete todo lo que necesitas, pero más allá de tu necesidad, es por obras de justicia y bendiciendo a otros que tienen menos. No te promete abundancia para que puedas vivir bien. Él te enriquece para que seas generoso.

¿Y qué recibe Dios? Las gracias y alabanzas de quienes reciben de la bondad del pueblo de Dios. Queremos glorificar a Dios en nuestro dar y dirigir toda la alabanza a Él. Si tu motivación es incorrecta, perderás la bendición que Dios tiene para ti:

> »¡*Tengan cuidado! No hagan sus buenas acciones en público para que los demás los admiren, porque perderán la recompensa de su Padre, que está en el cielo. Cuando le des a alguien que pasa necesidad, no hagas lo que hacen los hipócritas que tocan la trompeta en las sinagogas y en las calles para llamar la atención a sus actos de caridad. Les digo la verdad, no recibirán otra recompensa más que ésa. Pero tú, cuando le des a alguien que pasa necesidad, que no sepa tu mano izquierda lo que hace tu derecha. Entrega tu ayuda en privado, y tu Padre, quien todo lo ve, te recompensará* (Mateo 6:1-4).

Dios sabe lo que estás dando. No damos para impresionar a otros.

[12] Esta ayuda que es un servicio sagrado no sólo suple las necesidades de los santos sino que también redunda en abundantes acciones de gracias a Dios. [13] En efecto, al recibir esta demostración de servicio, ellos alabarán a Dios por la obediencia con que ustedes acompañan la confesión del evangelio de Cristo,

y por su generosa solidaridad con ellos y con todos. [14] Además, en las oraciones de ellos por ustedes, expresarán el afecto que les tienen por la sobreabundante gracia que ustedes han recibido de Dios. [15] ¡Gracias a Dios por su don inefable!

El gran dador

¡Nunca puedes ser más generoso que Dios! ¡Nos dio a su propio hijo! ¡Y cada día te da más de su gracia!

- Conocerás su amor mediante el privilegio y la alegría de satisfacer las necesidades de su pueblo.
- Lo que das es una prueba de la sinceridad de tu fe, que debe manifestarse en obediencia.
- No sólo serás bendecido materialmente, sino también espiritualmente, por las oraciones de aquellos que recibieron de ti.

Pablo concluye el pasaje (el más largo de la Biblia sobre el dar), señalando de nuevo al mayor dador de todos y al don de su Hijo. Pablo no quiere manipular a nadie, sino formar un corazón generoso en los creyentes para que experimenten el gozo de dar y sean bendecidos por las oraciones de los que reciben. Sobre todo quiere que ofrendas de alabanza y acción de gracias se levanten a Dios.

¿Cómo está tu dar? ¿Qué tienes para sembrar? ¿Qué haces con la abundancia que Dios te ha dado? Si ayudas a los necesitados en lugar de usarla para placeres innecesarios, experimentarás la bendición de Dios. ¡Abre tu corazón y aprovecha cada oportunidad para dar!

19

¡Estás en una guerra!
¿Cómo están tus armas?

2 Corintios 10:1-6

Pablo terminó su primera carta a los Corintios hablando de la colecta para la iglesia de Jerusalén. Los capítulos 8 y 9 de 2 Corintios también se centran en esa recolección y terminan en triunfo: *"¡Gracias a Dios por su don inefable!"* ¿Fue en realidad el final de la carta? Mucha gente cree que sí. Estos últimos cuatro capítulos (10-13) tienen un tono decididamente diferente. Muchos creen que son toda o parte de la llamada *"carta difícil"* a la que Pablo se refiere.

¿Tímido o atrevido?

¹Por la ternura y la bondad de Cristo, yo, Pablo, apelo a ustedes personalmente; yo mismo que, según dicen, soy tímido cuando me encuentro cara a cara con ustedes pero atrevido cuando estoy lejos.

¿Has descubierto que la gente habla de manera muy diferente cara a cara, y en Facebook, WhatsApp o un mensaje de texto? Muchas personas prefieren los mensajes de texto cuando hay algo difícil de comunicar, como romper con una novia. Pablo vivió miles de años antes de los mensajes de texto, pero tenía una reputación de ser mucho más audaz cuando estaba lejos, escribiendo una carta. Parece que su presencia personal no fue muy impresionante, y la timidez lo caracterizaba cuando estaba con ellos. La palabra traducida *"tímido"* también puede traducirse como "humilde". Tiene la connotación negativa de ser pusilánime. De la misma manera, "audaz" o "atrevido" tienen el sentido de un cobarde que actúa con fuerza cuando no hay peligro presente. Así, sus adversarios burlonamente lo describieron, aunque Pablo claramente no se veía de esa manera.

Manso y tierno

Dada esa percepción, y con las cosas fuertes que Pablo tiene que decir, me sorprende que su apelación sea por la ternura (o humildad) y la bondad (o mansedumbre) de Cristo. Ellos no son rasgos que normalmente asociamos con Pablo, pero Cristo le había dado ese espíritu para escribirles. ¡Ser fuerte y contundente no significa que uno no sea humilde! ¡Tampoco significa que tengas que ser abusivo! Hay una fuerza especial en la gentileza.

Hoy en día no se oye hablar mucho de hombres tiernos. La humildad tampoco es muy popular. El diccionario define tierno como *"blando, fácil de cortar o doblar, que produce sentimientos de simpatía y dulzura, o afectuoso, cariñoso y amable"*. ¿Qué hombre quiere ser caracterizado así? Pero el cristiano humilde no es débil. Jesús fue tierno en su trato con la mujer sorprendida en adulterio (Juan 8:1-11).

La mansedumbre es otra cualidad que no parece masculina ni deseable. El diccionario define manso como "de naturaleza apacible y tranquila, un animal que no es bravo". Para muchos en el mundo, el hombre manso es afeminado. La mansedumbre de Cristo era evidente cuando soportó el sufrimiento de la cruz. Pablo está apelando a ellos por esta mansedumbre y ternura. No parece ser una estrategia ganadora, dada la fuerza de la oposición y, en particular, la batalla espiritual que él va a describir en un momento. ¡Pero tal vez lograríamos más si pudiéramos hacer nuestras apelaciones con el mismo espíritu!

² Les ruego que cuando vaya no tenga que ser tan atrevido como me he propuesto ser con algunos que opinan que vivimos según criterios meramente humanos (la carne).

¿Fue una amenaza vacía? Está claro que Pablo quería evitar una confrontación difícil. La situación era bastante mala, y él está dispuesto a hacer todo lo necesario para resolverla. Él espera que respondan a esta carta para que él pueda centrarse en edificarlos cuando los visite. Parece que hay algunos que están en la carne y no entienden lo que significa ser un cristiano; es por eso que responden a la situación como la gente del mundo. No se dan cuenta de que Pablo está en un reino completamente distinto, donde se puede ser humilde y manso, pero fuerte y firme a la vez.

Pelea, pero no como el mundo

³ Pues aunque vivimos en el mundo, no libramos batallas como lo hace el mundo (no militamos según la carne).

La guerra es parte de la vida. No hay manera de evitarla. Mientras estemos en este mundo, habrá guerra con las fuerzas del mal. No es posible decidir abandonar el mundo para evitarla, aunque algunos cristianos intentan hacerlo. Así que tienes que decidir cómo vas a luchar. ¿Recuerdas cómo luchabas antes de conocer a Cristo? Tal vez nadie te lo dijo, pero eso ya no sirve, ya que eres un creyente. Si peleas como el mundo, te cansarás y perderás la batalla.

Piensa en algunas batallas recientes en tu vida. ¿Cómo las enfrentaste?

4 Las armas con que luchamos no son del mundo, sino que tienen el poder divino para derribar fortalezas.

Las armas del mundo

- Armas de fuego, cuchillos y otros instrumentos de destrucción.
- Los tribunales.
- Calumnias, una guerra de palabras para destruir a otra persona.
- Mentiras y engaño.
- Manipulación y propaganda.
- La sabiduría humana y la filosofía.
- Psicología.
- Astucia e ingenio humano.

¿Cuál usaste en el pasado? ¿Cuál has usado recientemente? Esas armas pueden ganar una batalla temporalmente, pero nunca ganan la guerra. Nunca tocan la raíz del problema, porque estamos en una guerra espiritual. Pablo dijo en su carta a los Efesios (6:12): *Porque nuestra lucha no es contra seres humanos, sino contra poderes, contra autoridades, contra potestades que dominan este mundo de tinieblas, contra fuerzas espirituales malignas en las regiones celestiales.* Mucha gente, incluso los cristianos, no reconoce eso. Zacarías 4:6 nos recuerda cómo se

gana la batalla: *No con ejército, ni con fuerza, sino con mi Espíritu,
ha dicho Jehová de los ejércitos.*

Fortalezas

Para prevalecer en esta guerra, necesitamos armas con poder
divino, que solo están disponibles para el creyente. Si no
destruimos las fortalezas, siempre estaremos en escaramuzas y
nunca ganaremos la batalla.

¿Qué es una fortaleza? Es la única vez que se usa esta palabra
griega en el Nuevo Testamento. Edgardo Silvoso ha definido una
fortaleza como: "Una mente impregnada de desesperanza que
hace que el creyente acepte como algo inmutable lo que sabe
que es contrario a la voluntad de Dios". Pienso en una fortaleza
como un castillo que se está construyendo. Cada vez que se
comete un pecado, un ladrillo más queda fijo en la pared. Cuando
el pecado continúa sin arrepentimiento, esos "ladrillos"
comienzan a formar una fortaleza. Con el tiempo, se convierte en
una parte de tu vida, y Satanás tiene control sobre ti en esa área.
Necesitas liberación, utilizando las armas divinas.

- Naciones, comunidades y familias se convierten en
  fortalezas de poder demoníaco cuando rechazan
  repetidamente a Dios y persiguen al mal. Luego, Satanás
  utiliza esas fuerzas del mal para influirlas y controlarlas.
- El hombre que sigue sus propias ideas absurdas edifica
  fortalezas ideológicas a través de las cuales Satanás
  influye en la cultura y la sociedad, y su visión del mundo
  domina.

- El pecado, los sentimientos y los patrones de comportamiento del hombre resultan en fortalezas personales.

Por supuesto, para batallar, tenemos que saber con qué estamos luchando. La mayoría de la gente tiene varias fortalezas en su vida, muchas veces desde la infancia, y por lo general ni siquiera son conscientes de ellas. Piensan en ellas como debilidades o como parte de su personalidad. Necesitamos discernimiento espiritual para identificarlas y armas divinas para derribarlas. Aunque la revelación de ellas es un primer paso hacia la victoria, en sí misma raramente las derriba. Tus mejores esfuerzos, la psicoterapia y los programas de doce pasos tampoco funcionarán.

¿Cuáles son esas armas que Dios nos ha dado?

- Su Palabra, la espada del Espíritu. Así como Jesús usó una escritura adecuada contra el diablo en sus tentaciones, tenemos que conocer la Palabra para encontrar la escritura correcta y luego proclamarla con fe y autoridad.
- Oración. Sobre todo la oración dirigida por el Espíritu y la oración en lenguas, si tienes un lenguaje de oración. Estas son oraciones de autoridad basadas en la Palabra de Dios, que proclamas en el nombre de Jesús. Pueden incluir reprender y renunciar al diablo y a sus demonios. La oración que identifica y renuncia a cada "ladrillo" o pecado que compone la fortaleza en tu vida es especialmente eficaz.
- Liberación. Dios tiene personas en su cuerpo con el don y la autoridad para atar y echar fuera a los malos espíritus que te oprimen. Por supuesto, puedes orar por tu propia

liberación, pero una fortaleza fuerte puede requerir las oraciones de otros.

- Los medios de gracia que Dios ha provisto, como participación regular en una iglesia sana, recibiendo predicación ungida de la Palabra, el bautismo y la Santa Cena.
- En la batalla, necesitas la armadura espiritual, como Pablo la describe en Efesios 6.
- Otras cosas que sirven como armas son la verdad, una vida santa, proclamar el Evangelio, la fe, el amor y la esperanza de la salvación.

5 Destruimos argumentos y toda altivez que se levanta contra el conocimiento de Dios, y llevamos cautivo todo pensamiento para que se someta a Cristo.

La batalla

Pablo está pensando en la situación en Corinto, pero también revela la naturaleza de la batalla espiritual.

Un arma clave del enemigo en su guerra contra el reino de Dios es la ignorancia de quién es Dios. Dado que nuestro conocimiento de Dios proviene principalmente de la Biblia, Satanás hace todo lo posible para que la malinterpretemos o para evitar que la leamos .

Jesús es la otra revelación de quién es Dios, pero muchas veces las representaciones populares de Cristo en la literatura y los medios de comunicación están equivocadas. Tienden a centrarse en sus enseñanzas y su amor, e ignoran sus críticas agudas de hipócritas y su manera magistral de manejar el conflicto. Podemos verlo como un bebé en el pesebre o un hombre indefenso en la cruz, en lugar del poderoso guerrero retratado en el Apocalipsis.

El mundo está lleno de discusiones sobre la creación, el estilo de vida y las expresiones propias de género y sexualidad. Claro que es importante presentar la verdad, pero si guerreamos como el mundo y entramos en debates, vamos a perder. La única manera de hacer frente a esos argumentos es destruirlos. Desafía las mentiras, proclama la verdad y deja que el Espíritu de Dios abra sus mentes.

El campo de batalla principal es la mente. Puedes controlar tus acciones, pero es mucho más difícil controlar tus pensamientos. Cuando luchamos en la carne contra fantasías, dudas y tentaciones, por lo general perderemos. No permitas que esos pensamientos tengan vía libre. Llévalos cautivos. Toma pensamientos descontrolados y llévalos directamente a Cristo. Entonces, permítele a Él, como tu Señor, ordenarlos, para que tengas su mente. Llena tus pensamientos con su Palabra, adoración y otras cosas edificantes.

El camino hacia la victoria en la batalla de la mente es la obediencia a Dios. Cuando pongas en práctica la voluntad de Dios revelada en la Biblia, derrotarás la tentación, las dudas y las fantasías. La desobediencia abre una avalancha de pensamientos perversos y permite la construcción de fortalezas.

6 Y estamos dispuestos a castigar cualquier acto de desobediencia una vez que yo pueda contar con la completa obediencia de ustedes.

Este verso es difícil. ¿Cómo te sentirías si alguien entrara a tu iglesia para castigar toda desobediencia? ¿Cómo pueden saber cuáles son los actos? ¿Qué tipo de castigo sería? Posiblemente expulsarlos de la iglesia o entregarlos a Satanás, como en la disciplina que Pablo describe en su primera carta a los corintios. ¿Pero quién los castigaría? Y si su obediencia fuera completa, ¿por qué sería necesario castigar la desobediencia? Parece que Pablo quiere darles toda oportunidad de arrepentirse y obedecer. Solo cuando se hubieran agotado todos los demás medios, castigaría a los rebeldes que persistían en su desobediencia, atados en sus fortalezas. Entonces, la apelación ya no sería en la mansedumbre y la ternura de Cristo, sino en las armas espirituales que Cristo nos ha dado.

"Si no oyere a la iglesia, tenle por gentil y publicano. De cierto os digo que todo lo que atéis en la tierra, será atado en el cielo; y todo lo que desatéis en la tierra, será desatado en el cielo" (Mateo 18:17-18).

Si se permitiera que las fortalezas del enemigo permanecieran en la iglesia, se debilitaría y Satanás tendría un punto de acceso a todo el cuerpo. Dios prefiere ser tierno. Solo cuando persistimos en nuestra rebelión recurre a medidas más severas. Pero por amor y preocupación por su cuerpo y la reputación de Cristo, hará lo que sea necesario. Estamos en una guerra y se esperan batallas. Dios te ha dado las armas y la autoridad para vencer y derribar fortalezas. Ahora es tu turno de usarlas y recuperar lo que el diablo te ha robado. Pablo no va a rendirse ni permitir que el diablo destruya esta iglesia. Esta carta es parte de su ataque contra las fuerzas del enemigo. ¡Toma tus armas y pelea la buena batalla, mi hermano y mi hermana!

20

Tu territorio y tu autoridad

2 Corintios 10:7-18

¿Realmente quieres hacer la obra del Señor a la manera de Dios? Esta porción revela algunos obstáculos para Pablo y para nosotros.

1. No juzgues a otros ministerios según las apariencias

7 Fíjense en lo que está a la vista. Si alguno está convencido de ser de Cristo, considere esto de nuevo: nosotros somos tan de Cristo como él.

La Biblia de las Américas dice: *Vosotros veis las cosas según la apariencia exterior.* ¡Es muy fácil juzgar por las apariencias en vez de mirar el corazón! ¡Es fácil ser engañado! Lo que se ve no siempre es realidad. La superficialidad es una trampa del diablo. Es cierto que los otros "superapóstoles":

- Contaban con una gran herencia (11:21-22).
- Tenían cartas impresionantes de referencia (3:1-3).
- Dijeron que tenían visiones sobrenaturales (12:1, 12).
- Eran buenos predicadores (10:10, 11:06).
- Eran refinados (11:06).
- Eran asertivos (11:20).

¡No es una sorpresa que estaban ganando la batalla por los corazones de los corintios, e incluso cuestionando la misma salvación de Pablo! Pero en lugar de amor, estaban sembrando división y discordia entre los hermanos.

[8] No me avergonzaré de jactarme de nuestra autoridad más de la cuenta, autoridad que el Señor nos ha dado para la edificación y no para la destrucción de ustedes. (NTV: Pareciera que estoy jactándome demasiado de la autoridad que nos dio el Señor, pero nuestra autoridad los edifica a ustedes, no los destruye. Así que no me avergonzaré de usar mi autoridad.)

No te preocupes mucho por la jactancia de Pablo. Años atrás me molestaba, pero ahora entiendo que él estaba luchando por los corazones de los corintios, y los otros "apóstoles" eran muy libres de presumir y ridiculizarlo.

Aquí, Pablo identifica el fundamento del apostolado: la autoridad. Él tenía autoridad porque Dios lo envió a Corinto y lo utilizó para establecer la iglesia. Dios le dio esa autoridad, y Pablo estaría en pecado si no la ejerciera. Los otros "apóstoles" no tenían esa autoridad dada por Dios, sino que confiaban en las armas del mundo en esta batalla por el alma de la iglesia.

2. El papel fundamental de la autoridad en el ministerio

La relación padre-hijo, establecida cuando Pablo plantó la iglesia, fue la base de su autoridad. Ya sea en una iglesia o en una casa, esa autoridad no se debe ejercer de manera dura (para destruir a la gente), sino para edificar. Pablo ha sido firme con esta iglesia debido a la gravedad de su pecado.

¿Tienes la autoridad que Dios te ha dado porque estás funcionando en tu llamado? ¿Estás usando esa autoridad para edificar a otros? ¿Estás sometido a alguien con verdadera autoridad? ¿Esa persona te está edificando?

⁹ No quiero dar la impresión de que trato de asustarlos con mis cartas, ¹⁰ pues algunos dicen: «Sus cartas son duras y fuertes, pero él en persona no impresiona a nadie, y como orador es un fracaso.»

Pablo ya admitió en el verso 1 que su presencia física y su habla no eran sus puntos fuertes. Tal vez por eso tiene que ser más contundente en sus cartas. Ciertamente, le permitió expresar la profundidad de su conocimiento teológico. ¡Imagina nuestra pérdida si nunca hubiera escrito una carta tan pesada como Romanos!

¹¹ Tales personas deben darse cuenta de que lo que somos por escrito estando ausentes, lo seremos con hechos estando presentes.

Dado que los otros apóstoles estaban en Corinto y Pablo no estaba allí, podrían haber dicho que él nunca iba a cumplir las amenazas de sus cartas. Pero estaban equivocados.

¹² No nos atrevemos a igualarnos ni a compararnos con algunos que tanto se recomiendan a sí mismos. Al medirse con su propia medida y compararse unos con otros, no saben lo que hacen.

3. Hay una gran necesidad de recomendación válida para el ministerio

Tradicionalmente, la iglesia recomendó un ministro en ordenación, cuando un grupo de líderes afirma que está calificado para el ministerio y recomendado como un siervo de la iglesia. La Nueva Traducción Viviente dice: *¡Ah, no se preocupen! No nos atreveríamos a decir que somos tan maravillosos como esos hombres, que les dicen qué importantes son ellos pero sólo se comparan el uno con el otro, empleándose a sí mismos como estándar de medición. ¡Qué ignorantes!*

¡La situación en Corinto era absurda! No hay comparación alguna entre Pablo y los falsos apóstoles. En lugar de ser elegidos por Dios y enviados por una iglesia con autoridad apostólica, ¡se promocionaron a sí mismos! No estaban dispuestos a medirse o sinceramente compararse con los verdaderos apóstoles, o, lo que es más importante, con las normas de Dios.

Hoy en día hay demasiadas personas recomendándose a sí mismas que no se someten a normas aceptadas para el ministerio cristiano. Cualquiera puede abrir una iglesia o establecer una presencia en Internet. Poco se sabe sobre su vida personal o sus creencias. Imprimen sus propios testimonios y utilizan sus propios estándares para medirse y compararse, por lo general según las normas mundanas del éxito y a los demás en su propio círculo.

Si tú estás en el ministerio, ¿quién te recomendó? ¿Tienen autoridad legítima para hacerlo? ¿Quién recomendó a aquellos que tienen autoridad sobre ti?

[13] Nosotros, por nuestra parte, no vamos a jactarnos más de lo debido. Nos limitaremos al campo que Dios nos ha asignado según su medida, en la cual también ustedes están incluidos. (NTV: Nosotros no nos jactaremos de cosas hechas fuera de nuestro campo de autoridad. Nos jactaremos sólo de lo que haya sucedido dentro de los límites del trabajo que Dios nos ha dado [LBLA: la esfera que Dios nos señaló como límite], los cuales incluyen nuestro trabajo con ustedes.)

4. Ministra en el campo de autoridad que Dios te ha dado

Es tentador jactarse mucho cuando hay competencia como la que hubo en Corinto. Si tienes que defenderte y defender tu vocación, hazlo en el campo de autoridad que Dios te ha dado.

Es un concepto interesante: Dios asigna esferas de trabajo. Literalmente, significa que hay líneas que Dios delimita y luego asigna a alguien ese territorio. Es nuestra responsabilidad aprender dónde están esas líneas y permanecer dentro de ellas. Ahí está tu autoridad. Si sales fuera de tu campo asignado, pierdes tu autoridad y te encuentras en el territorio de otra persona. Cuando un pastor te invita a su iglesia, entras en su campo. Dado que él te invitó, estás bajo su autoridad y eres libre de ministrar como Dios te guía, siempre honrando la autoridad de ese pastor y el ministerio que Dios le ha dado. Si intentas entrar en el territorio de otro, estás invitando todo tipo de problemas. Lo mismo puedes decir de tu hogar. Tú tienes autoridad en tu familia, pero ¡ten cuidado al entrar en el territorio o el hogar de otro hombre!

[14] Si no hubiéramos estado antes entre ustedes, se podría alegar que estamos rebasando estos límites, cuando lo cierto es que fuimos los primeros en llevarles el evangelio de Cristo. [15] No nos jactamos desmedidamente a costa del trabajo que otros han hecho. Al contrario, esperamos que, según vaya creciendo la fe de ustedes, también nuestro campo de acción entre ustedes se amplíe grandemente, [16] para poder predicar el evangelio más allá de sus regiones, sin tener que jactarnos del trabajo ya hecho por otros.

NTV: *[14] No traspasamos esos límites cuando afirmamos tener autoridad sobre ustedes, como si nunca hubiéramos ido a visitarlos. Pues fuimos los primeros en viajar hasta Corinto con la Buena Noticia de Cristo. [15] Tampoco nos jactamos ni nos atribuimos el mérito por el trabajo que otro haya hecho. En cambio, esperamos que la fe de ustedes crezca, a fin de que se extiendan los límites de nuestro trabajo entre ustedes. [16] Entonces podremos ir a predicar la Buena Noticia en otros lugares más allá de ustedes, donde ningún otro esté trabajando. Así nadie pensará que nos jactamos de trabajar en el territorio de otro.*

Pablo está muy consciente del territorio de un ministro de Cristo. ¡Qué pena que las iglesias en competencia muestren tan poco respeto por eso! Si tú estás pensando en establecer una nueva iglesia, ¡hay que saber si estás en el territorio de otro hombre! Si Dios se lo ha dado a él, incluso si no estás de acuerdo con todo lo que él está haciendo, ten mucho cuidado de establecer una obra competitiva.

Parece que Dios divide áreas geográficas en territorios que Él luego asigna a un apóstol o ministro. ¿Pero cómo determinamos sus límites? ¿Y quién es responsable de hacer cumplir esos límites? En la iglesia primitiva, solo había una iglesia para cada ciudad, aunque se reunía en varios lugares. Es interesante que estos apóstoles falsos no simplemente empezaran una iglesia nueva; aparentemente reconocieron que la iglesia que Pablo fundó era el cuerpo legítimo para esa área. Si esto es cierto, ¿qué estamos haciendo con docenas de iglesias en una pequeña zona de la ciudad? Algunos han dicho que cuando Pablo habló de su campo, estaba pensando en los gentiles en general, pero me parece que aquí tenía en mente límites geográficos definidos. ¡Tenemos que lidiar en serio con lo que dice la Escritura! Si estamos ignorando un principio básico del ministerio, podemos apagar al Espíritu de Dios, y aún peor, estar en pecado.

5. Ora acerca de la posible expansión de tu territorio

Hay lugar para una ambición sana de ampliar tu territorio. Pienso en la oración de Jábes (*«Bendíceme y ensancha mi territorio; ayúdame y líbrame del mal, para que no padezca aflicción»*, 1 Crónicas 4:10). Pablo tenía el mismo deseo de extenderse a nuevas regiones. Tal vez parte de su urgencia en reparar la relación con los corintios fue hacer crecer su fe, para que su esfera de actividad entre ellos se expandiera. Él podría haber imaginado supervisar equipos de la iglesia que irían a las áreas circundantes.

El teólogo Juan Calvino escribió su interpretación de lo que Pablo quiso decir aquí:

> "Si hubieras progresado tanto como deberías, ahora yo estaría ocupado en ganar nuevas iglesias y tendría tu ayuda para hacerlo. Pero,

como son las cosas, me estás retrasando debido a tu debilidad. Sin embargo, espero que el Señor os conceda que avancéis más en el futuro, para que la gloria de mi ministerio sea aumentada según la medida de la vocación de Dios."

¿Hay alguna puerta que Dios esté abriendo para ampliar tu territorio?

6. No tomes el crédito por el trabajo de otro hombre

Pablo también nos advierte acerca de tomar crédito por el arduo trabajo de otro hermano. Imagina un ministerio establecido después de años de intensa oración y guerra espiritual. Las fortalezas se han derribado y el área está abierta al evangelio. Entonces alguien llega y comienza una nueva iglesia, afirmando que ha "llevado el Evangelio" a un vecindario peligroso. Eso sucedió cuando yo era capellán (pastor) en las prisiones. Había estado ministrando allí durante años, y, a veces, otro ministerio nos visitaba; luego publicarían folletos con imágenes de prisioneros que supuestamente aceptaron al Señor, diciendo que fue su ministerio el que llevó a Cristo a la prisión. ¡Cristo ya estaba allí, y esos hermanos ya eran salvos!

Da crédito donde es debido y no tomes crédito por el trabajo de otra persona.

17 Más bien, «Si alguien ha de gloriarse, que se gloríe en el Señor». 18 Porque no es aprobado el que se recomienda a sí mismo sino aquel a quien recomienda el Señor. (NTV: 17 Como dicen las Escrituras: «Si quieres jactarte, jáctate sólo del Señor». 18 Cuando la gente se alaba a sí misma, ese elogio no sirve de mucho. Lo importante es que los elogios provengan del Señor.)

Después de todo, busca la aprobación del Señor para tu trabajo. Recibe su recomendación y aprobación, con la confirmación de los ministros fieles que te conocen. ¡Ten cuidado de no alardear de ti mismo ni de tu gran ministerio! ¡No te elogies! ¡Jáctate sólo del Señor!

21

La Mascarada

2 Corintios 11:1-15

Hay películas en las que los alienígenas espantosos se ponen disfraces cuidadosamente elaborados para parecer como hombres y mujeres atractivos. En el momento apropiado, se quitan la máscara y descubrimos lo que realmente son. Es una mascarada. Un engaño. Las cosas no son como parecen. En esta porción, vamos a descubrir que, nos guste o no, estamos en un baile de máscaras. Mi esperanza y oración es que tengas el discernimiento para reconocer los disfraces y que tu espiritualidad no sea una mera máscara.

[1]¡Ojalá me aguanten unas cuantas tonterías! ¡Sí, aguántenmelas!

Pablo advirtió en contra de recomendarse a sí mismo, y por eso tiene que disculparse por sus "tonterías". Pero es necesario, en esta mascarada, contrarrestar a los falsos apóstoles desvergonzados que rápidamente ganan los corazones de los corintios. A veces, tenemos que levantarnos, no para promovernos, sino para luchar por nuestra familia o iglesia.

137

¡Ten un celo piadoso y paternal!

² El celo que siento por ustedes proviene de Dios, pues los tengo prometidos a un solo esposo, que es Cristo, para presentárselos como una virgen pura.

¡No dejes que tus seres queridos queden atrapados en el baile de máscaras! Como su padre espiritual, el trabajo de Pablo no es aferrarse a ellos para sí mismo, sino proteger su pureza y prepararlos para unirse a Cristo, como un padre protege a su hija de los hombres abusadores. Así, Pablo peleará por sus amados hijos espirituales. ¡No siempre es malo estar celoso! Es apropiado tener los celos de Dios por la iglesia que estás pastoreando, la gente que estás discipulando o tu familia. El lenguaje aquí nos recuerda los pasajes del amante celoso en los profetas del Antiguo Testamento.

Si tú estás en el ministerio, ¿tienes el corazón de un padre y su celo por la pureza y el bienestar de tu iglesia? ¿Eres consciente de que Dios confía en ti para prepararlos para unirse a Jesús? Tu trabajo como padre espiritual termina solo cuando están con Cristo.

Marido, Efesios 5 habla de tu responsabilidad de presentar a tu esposa a Cristo como una novia sin mancha. Puede parecer extraño pensar en entregar a tu mujer a Cristo, ¡pero ella no va a ser tuya por toda la eternidad! ¿Estás fomentando su pureza de corazón y amor por Jesús?

Mantén tu devoción a Cristo

³ Pero me temo que, así como la serpiente con su astucia engañó a Eva, los pensamientos de ustedes sean desviados de su pura y completa devoción a Cristo.

La mascarada comienza con un cambio sutil en tu relación con Jesús. La serpiente engañó a Eva, cambiando para siempre la relación entre marido y mujer. Siguiendo la idea de la novia de Cristo, la iglesia debe tener una devoción pura, como la que una mujer tiene por su esposo. Una mujer a punto de casarse debe estar envuelta en pensamientos sobre su boda y la anticipación de estar con su amado. ¿Es tu amor por Jesús con todo tu corazón, puro y sincero?

Los falsos apóstoles estaban apartando sutilmente a los corintios de esa devoción pura. Satanás es muy astuto. Por lo general, el engaño no es obvio. Con Eva era una fruta inocente. Hoy puede ser el ministerio, el éxito, la familia, el dinero o Internet; incluso todos los programas de la iglesia. Pablo dice que *la mente* fue desviada: Comienza con pensamientos y luego se manifiesta en acciones, así como la infidelidad conyugal casi siempre comienza en los pensamientos. ¡Tú no estás exento del engaño de Satanás! Él es astuto, utilizando las mismas tácticas que usó con tanto éxito con Eva.

Ten cuidado con un Jesús diferente, un espíritu diferente u otro evangelio

⁴ Si alguien llega a ustedes predicando a un Jesús diferente del que les hemos predicado nosotros, o si reciben un espíritu o un evangelio diferentes de los que ya recibieron, a ése lo aguantan con facilidad.

No me cae bien cuando los pastores critican a otras iglesias o ministerios, y yo trato de evitarlo. Sin embargo, Pablo está muy listo para revelar la enseñanza que él sabe que es una máscara para las doctrinas de demonios. Jesús ciertamente no dudó en exponer la hipocresía de los fariseos y en advertir a la gente que no pusiera sus máscaras:

> » *¡Ay de ustedes, maestros de la ley y fariseos, hipócritas!, que son como sepulcros blanqueados. Por fuera lucen hermosos pero por dentro están llenos de huesos de muertos y de podredumbre. Así también ustedes, por fuera dan la impresión de ser justos pero por dentro están llenos de hipocresía y de maldad* (Mateo 23:27-28).

Francamente, me estremezco mucho por lo que pasa hoy en día con el cristianismo. Cuando veo canales religiosos en la televisión, a menudo siento que estoy observando una religión totalmente diferente. ¡Hay tantos "cristos" diferentes! ¿Predicas el Jesús de los Evangelios? ¿O un Jesús visto a través de las lentes del siglo XXI? Mucha gente selecciona y elige lo que le gusta de lo que Jesús enseñó. El verdadero Jesús dijo que nuestra justicia debe exceder a la de los fariseos. Él afirmó la exclusividad: "*Nadie viene al Padre sino por mí.*" Dado que estos falsos apóstoles se burlaban de las debilidades de Pablo, podrían haber minimizado la cruz y el sufrimiento de Cristo, tal como hoy implican que el sufrimiento es un signo de una fe débil.

Es posible, incluso después de recibir el Espíritu Santo, recibir un espíritu diferente. ¿Has pensado en esa posibilidad? ¿En ti o en los hermanos de tu iglesia? La iglesia en Corinto estaba llena del

Espíritu, con muchas manifestaciones. Si tú aceptas una mentira y te entregas a un cristianismo falso, o te pones una máscara para ser parte de la mascarada, puedes recibir un espíritu demoníaco.

¡Hay tantos "evangelios" hoy! No estoy diciendo que todos sean herejías, pero es peligroso concentrarse tanto en una doctrina que se aleja de la sincera devoción a Jesús. Lo que falta en muchos de estos "evangelios" es el corazón del verdadero evangelio: Jesucristo crucificado y resucitado, quien justifica, redime y salva a aquellos que verdaderamente se arrepienten y lo siguen como Señor.

Pablo dice que aguantan el error con facilidad. Soportan de buena gana todo lo que cualquiera les dice. No tenemos que ser policías, pero hay que estar atentos a lo que viene a nuestras iglesias y hogares. Muchas personas en iglesias sólidas ven a un predicador en la televisión en casa presentando un evangelio diferente. De alguna manera, tenemos que educarlos y alertarlos sobre los peligros de otros evangelios. ¡No podemos soportarlos! ¿Qué evangelio predican en tu iglesia? ¿Cuál sigues tú? Lee los evangelios de nuevo para asegurarte de que estás siguiendo al verdadero Jesús.

No seas engañado por los disfraces

5 Pero considero que en nada soy inferior a esos «superapóstoles». 6 Quizás yo sea un mal orador, pero tengo conocimiento. Esto se lo hemos demostrado a ustedes de una y mil maneras.

Si parece demasiado bueno para ser verdad, probablemente lo sea. Dios usa vasijas débiles, que muestran su poder y gloria.

¡Cuidado con el pastor "perfecto"! Pablo parecía inferior en comparación con los "superapóstoles". Parece extraño que Pablo tuviese que defender su conocimiento; fue educado por uno de los mejores rabinos de la época. Su falta de formación como orador y el hecho de que él no era uno de los Doce siempre le molestaban. Sin embargo, como lo señaló con frecuencia, Dios probablemente lo hizo a propósito para mantenerlo humilde y centrado en el mensaje. ¿Hay algo que te haga sentir inferior a los demás, ya sea en el ministerio o en la vida diaria? Puede ser que Dios lo haya permitido con un propósito. No dejes que eso impida tu obediencia a tu llamado. Cuando veo a otros y sus debilidades (como un hombre sin brazos o piernas) y las grandes cosas que están haciendo para el Señor, estoy convencido de la trivialidad de mis propias preocupaciones.

¡El dinero es importante en la mascarada!

7 ¿Es que cometí un pecado al humillarme yo para enaltecerlos a ustedes, predicándoles el evangelio de Dios gratuitamente? 8 De hecho, despojé a otras iglesias al recibir de ellas ayuda para servirles a ustedes. 9 Cuando estuve entre ustedes y necesité algo, no fui una carga para nadie, ya que los hermanos que llegaron de Macedonia suplieron mis necesidades. He evitado serles una carga en cualquier sentido, y seguiré evitándolo.

Los falsos apóstoles recibieron ofrendas liberales de los corintios, pero Pablo se enorgullecía de no haber solicitado (o recibido) nada de ellos. Sus detractores implicaban que eso solo demostraba que no era realmente un apóstol, ya que él no pidió dinero, pero lo que molestaba en particular a sus oponentes era la exposición de sus propios motivos egoístas al tomar dinero de los corintios. Ellos pedían mucho oro para cubrir sus máscaras.

¹⁰ Es tan cierto que la verdad de Cristo está en mí, como lo es que nadie en las regiones de Acaya podrá privarme de este motivo de orgullo. ¹¹ ¿Por qué? ¿Porque no los amo? ¡Dios sabe que sí!

Hay dos cosas que motivaron a Pablo, y que los falsos apóstoles despreciaron: la necesidad de saber la verdad y el amor de Pablo por ellos. Él no pudo soportar la idea de dejarlos perdidos en la mascarada. Y tú tampoco deberías dejarlos.

Satanás se disfraza de ángel de luz

¹² Pero seguiré haciendo lo que hago, a fin de quitar todo pretexto a aquellos que, buscando una oportunidad para hacerse iguales a nosotros, se jactan de lo que hacen. ¹³ Tales individuos son falsos apóstoles, obreros estafadores, que se disfrazan de apóstoles de Cristo. ¹⁴ Y no es de extrañar, ya que Satanás mismo se disfraza de ángel de luz. ¹⁵ Por eso no es de sorprenderse que sus servidores se disfracen de servidores de la justicia. Su fin corresponderá con lo que merecen sus acciones.

Pablo sabe que está en una batalla espiritual y tiene que quitarse las máscaras: ¡los llamados "apóstoles" son siervos de Satanás! Estoy seguro de que Pablo estaba luchando esta batalla en oración, pero la fe no significa simplemente sentarse y dejar que Dios se encargue de ello. Él va a luchar honorablemente por la iglesia. Puede ser que tú también tengas que quitar las máscaras de falsas doctrinas y falsos maestros.

Satanás es el padre de la mentira y el engaño es su modus operandi. Rara vez aparece con una horca y cuernos. Creo que está mucho más presente en la iglesia de lo que imaginamos. ¿Te acuerdas de la parábola del trigo y la cizaña de Jesús?

«El reino de los cielos es como un hombre que sembró buena semilla en su campo. Pero mientras todos dormían, llegó su enemigo y sembró mala hierba entre el trigo, y se fue. Cuando brotó el trigo y se formó la espiga, apareció también la mala hierba. Los siervos fueron al dueño y le dijeron: "Señor, ¿no sembró usted semilla buena en su campo? Entonces, ¿de dónde salió la mala hierba?" "Esto es obra de un enemigo", les respondió. Le preguntaron los siervos: "¿Quiere usted que vayamos a arrancarla?" "¡No! —les contestó—, no sea que, al arrancar la mala hierba, arranquen con ella el trigo. Dejen que crezcan juntos hasta la cosecha. Entonces les diré a los segadores: Recojan primero la mala hierba, y átenla en manojos para quemarla; después recojan el trigo y guárdenlo en mi granero."» (Mateo 13:24-30).

Los demonios no son los únicos que sirven a Satanás. Él tiene muchos hombres y mujeres que se parecen a "servidores de justicia" en esta mascarada. Jesús dijo: *"Muchos falsos profetas se levantarán, y engañarán a muchos; el amor de muchos se enfriará. Porque se levantarán falsos Cristos, y falsos profetas, y harán grandes señales y prodigios, de tal manera que engañarán, si fuere posible, aun a los escogidos"* (Mateo 24:11, 12, 24). La iglesia de hoy está llena de falsos apóstoles y obreros estafadores. ¿Está tu iglesia consciente de esto? ¿Se dan cuenta los pastores y otros líderes de la gravedad de esta amenaza? La mayoría de los pastores que yo he observado ni siquiera consideran la posibilidad de que algunos de sus líderes puedan ser parte de la mascarada.

Incluso puede ser posible que tú mismo hayas sido engañado, siguiendo a un falso apóstol o aceptando otro evangelio. Yo sé que esto suena muy fuerte, pero sucede: tú puedes tener el aspecto de un servidor de justicia, cuando en realidad has dejado tu devoción sincera a Cristo y ya estás sirviendo a Satanás, sin darte cuenta. ¡No aceptes la mentira del diablo de que ya no puedes cambiar! Puede ser muy costoso económicamente y para tu orgullo, pero hay que confesar, renunciar a las formas vergonzosas y volver plenamente a Cristo. Si no, me estremezco al pensar en lo que te espera en el futuro.

Ciertamente, no necesitamos cacerías de brujas en la iglesia. No queremos ser paranoicos ni comenzar a imaginar que cada otra persona está sirviendo al diablo. El mensaje del trigo y la cizaña es muy pertinente en este caso: al arrancar la mala hierba, se arranca también el trigo. Se ha causado un daño incalculable a la iglesia por personas bien intencionadas que intentaron eliminar las malas hierbas.

La mejor manera de desafiar a los evangelios falsos y a los falsos apóstoles es predicar cuidadosamente la Palabra de Dios, vivirla y fomentar y practicar la sincera devoción a Jesús. Protégete a ti mismo, siendo parte de una iglesia con un pastor piadoso que predica la Biblia. Examina el fruto, ora y no bajes la guardia. Más que nunca necesitamos la plenitud del Espíritu Santo y el don del discernimiento de espíritus.

Para aquellos que no se arrepienten y siguen en el baile de máscaras, un temible juicio y un castigo eterno les espera. Creo que será aun peor para ellos, que para aquellos que participan en lo que consideramos pecados graves, o incluso gente de otras religiones. Estos ángeles de luz son muy atrevidos para entrar en el mismo templo del Dios viviente y disfrazarse de servidores de la justicia de Dios.

¡No te pierdas en la mascarada!

22

Verdadera jactancia

2 Corintios 11:16-33

[16]Lo repito: Que nadie me tenga por insensato. Pero aun cuando así me consideren, de todos modos recíbanme, para poder jactarme un poco. [17]Al jactarme tan confiadamente, no hablo como quisiera el Señor sino con insensatez. [18]Ya que muchos se ufanan como lo hace el mundo, yo también lo haré. [19]Por ser tan sensatos, ustedes de buena gana aguantan a los insensatos. [20]Aguantan incluso a cualquiera que los esclaviza, o los explota, o se aprovecha de ustedes, o se comporta con altanería, o les da de bofetadas. [21]¡Para vergüenza mía, confieso que hemos sido demasiado débiles!

Abuso espiritual

Los corintios están tan engañados que se someten voluntariamente al abuso espiritual. Los falsos maestros:

- Los esclavizan (asumen el control de sus almas; los obligan a servir).
- Los explotan (NTV: *quitan todo lo que tienen*). Es la misma palabra que Jesús usó en Lucas 20:47 para denunciar a los fariseos porque ellos "devoraron" los bienes de las viudas.

- Se aprovechan de ellos (DHH: *los engañan*; NTV: *toman control de todo*).
- Se comportan con altanería (RVR: *se enaltecen,* DHH: *los tratan con desprecio*).
- Los da de bofetadas; como abofetearon a Jesús, un signo de mucha falta de respeto. Están humillándolos.

Pablo no pudo creer que soportasen este abuso, pero tal es la naturaleza del engaño espiritual. Desafortunadamente, estos abusos son muy comunes hoy en día. Muchas personas inocentes y sinceras, que creen que están sirviendo a Dios, quedan atrapadas en estos esquemas. ¡Cuidado con cualquier ministerio que se incline a tales tácticas! Ese espíritu arrogante que busca el control es del maligno, aunque a menudo se disfraza de ángel de luz.

La jactancia de Pablo

Pablo ya sabe que los corintios no escucharán consejos piadosos y lógicos, y así está obligado a descender a su nivel y hablar necedades. Pero aunque habla así, no es porque sus autopercepciones sean muy exageradas. En 1 Corintios 2:13 escribió sobre lo que enseña el Espíritu: *Esto es precisamente de lo que hablamos, no con las palabras que enseña la sabiduría humana sino con las que enseña el Espíritu, de modo que expresamos verdades espirituales en términos espirituales.* ¡Pero Pablo no puede hablar así con ellos! Tiene que hablar necedades porque ellos no tienen discernimiento espiritual: *El que no tiene el Espíritu no acepta lo que procede del Espíritu de Dios, pues para él es locura. No puede entenderlo, porque hay que discernirlo espiritualmente* (1 Corintios 2:14).

²¹Si alguien se atreve a dárselas de algo, también yo me atrevo a hacerlo; lo digo como un insensato. ²² ¿Son ellos hebreos? Pues yo también. ¿Son israelitas? También yo lo soy. ¿Son descendientes de Abraham? Yo también. ²³ ¿Son servidores de Cristo? ¡Qué locura! Yo lo soy más que ellos. He trabajado más arduamente, he sido encarcelado más veces, he recibido los azotes más severos, he estado en peligro de muerte repetidas veces. ²⁴ Cinco veces recibí de los judíos los treinta y nueve azotes. ²⁵ Tres veces me golpearon con varas, una vez me apedrearon, tres veces naufragué, y pasé un día y una noche como náufrago en alta mar. ²⁶ Mi vida ha sido un continuo ir y venir de un sitio a otro; en peligros de ríos, peligros de bandidos, peligros de parte de mis compatriotas, peligros a manos de los gentiles, peligros en la ciudad, peligros en el campo, peligros en el mar y peligros de parte de falsos hermanos. ²⁷ He pasado muchos trabajos y fatigas, y muchas veces me he quedado sin dormir; he sufrido hambre y sed, y muchas veces me he quedado en ayunas; he sufrido frío y desnudez. ²⁸ Y como si fuera poco, cada día pesa sobre mí la preocupación por todas las iglesias. ²⁹ ¿Cuando alguien se siente débil, no comparto yo su debilidad? ¿Y cuando a alguien se le hace tropezar, no ardo yo de indignación? ³⁰ Si me veo obligado a jactarme, me jactaré de mi debilidad.

¿A qué harías referencia si tú estuvieras desafiado como estuvo Pablo? ¿Qué señalarían los apóstoles o los líderes cristianos hoy en día para impresionar a la gente?

* ¿El número de iglesias plantadas?
* ¿Sus grandes curaciones?
* ¿El número de personas salvadas?
* ¿La asistencia a sus campañas?

- ¿Su sitio impresionante de Internet?
- ¿Su educación en uno de los mejores seminarios del país?
- ¿El número de libros publicados?
- ¿Su programa de televisión que se ve en todo el mundo cada día?

Pues, si estos falsos apóstoles quieren competir, Pablo está listo con un récord bastante impresionante. Comienza con su experiencia como judío, porque parece que los falsos apóstoles también eran judíos, y podrían haberlo acusado de no ser un verdadero judío porque se identificó demasiado con los gentiles:

- Es un hebreo
- Es un israelita
- Es un descendiente de Abraham

Aquí son iguales, y Pablo no mencionó su pedigrí excepcional como un fariseo entrenado por Gamaliel (Hechos 5:34, 22:3), lo cual lo pondría por encima de todos ellos.

¡Es locura aún postular que fuesen siervos de Cristo! ¡Acaba de decir (13-15) que están sirviendo al diablo! Pero incluso si estaban sirviendo a Cristo, su experiencia no se compara con la de Pablo:

- Ha trabajado con más esfuerzo.
- Ha sido encarcelado más veces.
- Ha recibido los azotes más severos.
- Ha estado en peligro de muerte repetidas veces.
- Su vida ha sido un continuo ir y venir de un sitio a otro.
- Muchas veces se ha quedado sin dormir.
- Ha sufrido hambre y sed.

- Muchas veces ayunaba.
- No tenía ropa suficiente para mantenerse abrigado.

Si todavía no están convencidos, nos da más detalles:

- Cinco veces recibió de los judíos los treinta y nueve azotes.
- Tres veces lo golpearon con varas.
- Una vez lo apedrearon.
- Tres veces naufragó y pasó un día y una noche como náufrago en alta mar.
- Estaba en peligro de ríos, en la ciudad, en el campo y en el mar — es decir, en todas partes.
- Estaba en peligro de bandidos, de sus compatriotas, de los gentiles y de falsos hermanos — es decir, de todo el mundo.

No solo hay falsos apóstoles, sino también falsos creyentes, un número desconocido en nuestras iglesias, que representan un peligro real para el verdadero siervo de Cristo.

Todo esto era muy fuerte, pero ahora comparte lo más difícil:

- Era responsable ante Dios por todas las iglesias que él fundó, y todos los días sentía esa carga.
- Cuando alguien estaba débil y luchaba, él también lo experimentaba.
- Cuando alguien estaba en pecado o hacía tropezar a alguien, por dentro ardía de indignación.

Sin la ayuda de Dios, ¡esta sería una carga imposible de soportar!

Si esto es "jactancia", ¡Pablo no la hace muy bien! Él juega el mismo juego que los falsos apóstoles, pero los reprende al jactarse de su sufrimiento. Para él, esto confirma su llamado mucho más que el éxito externo. Sin embargo, aparte de esta circunstancia extraordinaria, Pablo no lo menciona mucho, ni se queja de ello. Él sabe que era simplemente parte de ser un apóstol. Es cierto que los falsos apóstoles habrían experimentado algunos de estos problemas, pero probablemente son más parecidos al asalariado que Jesús describe en Juan 10, quien abandona las ovejas cuando las cosas se ponen difíciles. No llevaban la carga que Pablo tenía por el bienestar de las personas en sus iglesias. ¿Cómo se comparan los apóstoles y líderes cristianos hoy en día con la experiencia de Pablo?

¿Y tú?

- ¿Crees que lo tienes muy duro?
- ¿Serías capaz de aguantar todo esto?
- ¿Estás tentado a tirar la toalla, con las presiones relativamente ligeras que estás enfrentando?
- Si eres un líder, ¿sientes la misma carga que Pablo tenía para su pueblo? ¡Es normal! ¡Se debe sentir así!
- ¿Conoces a tu rebaño suficientemente como para empatizar con ellos y compartir su dolor?

[31] *El Dios y Padre del Señor Jesús (¡sea por siempre alabado!) sabe que no miento.* [32] *En Damasco, el gobernador bajo el rey Aretas mandó que se vigilara la ciudad de los damascenos con el fin de arrestarme;* [33] *pero me bajaron en un canasto por una ventana de la muralla, y así escapé de las manos del gobernador.*

Sus experiencias son tan extraordinarias que Pablo tiene que afirmar que no son mentiras. La referencia a Damasco parece fuera de lugar, pero sus oponentes podrían haber señalado eso como evidencia de cobardía, escapando en un canasto en lugar de enfrentarse a sus acusadores. Es posible que también piensen que él fue un cobarde para evitar una confrontación cara a cara con ellos.

Descendiendo a su necedad, Pablo ha demostrado cuán superficiales son sus oponentes. Estaban vanagloriándose y pensando en el poder y el dinero, sin conocimiento personal del Salvador sufriente, al cual Pablo sirvió tan fielmente. Tarde o temprano sería evidente en Corinto, pero mientras tanto, la iglesia podría sufrir mucho daño, y eso es lo que Pablo quiere evitar.

23

Cuando eres débil, entonces eres fuerte

2 Corintios 12:1-10

¹Me veo obligado a jactarme, aunque nada se gane con ello. Paso a referirme a las visiones y revelaciones del Señor. ² Conozco a un seguidor de Cristo que hace catorce años fue llevado al tercer cielo (no sé si en el cuerpo o fuera del cuerpo; Dios lo sabe). ³ Y sé que este hombre (no sé si en el cuerpo o aparte del cuerpo; Dios lo sabe) ⁴ fue llevado al paraíso y escuchó cosas indecibles que a los humanos no se nos permite expresar. ⁵ De tal hombre podría hacer alarde; pero de mí no haré alarde sino de mis debilidades. ⁶ Sin embargo, no sería insensato si decidiera jactarme, porque estaría diciendo la verdad. Pero no lo hago, para que nadie suponga que soy más de lo que aparento o de lo que digo.

En defensa de su apostolado, Pablo ya ha enseñado que el sufrimiento y la debilidad validan el llamado de Dios más que los grandes logros. Si es tan humilde, me sorprende que él siquiera mencione estas revelaciones impresionantes, pero la batalla con los falsos apóstoles es tan feroz que se siente obligado a recurrir a todo lo posible. Probablemente ellos hablaron extensamente acerca de sus propias "revelaciones" y experiencias sobrenaturales, las cuales impresionaron a los corintios. Pero esas experiencias pueden ser difíciles de verificar. ¡Cuidado con lo que creas! No bases tu estimación de una persona, su ministerio (o tus decisiones personales) en sus visitas angelicales, visiones y otras experiencias espirituales. No son malas, pero ten cuidado con alguien que habla demasiado acerca de ellas. Pablo se refiere a ellas solo en el contexto de esta situación extraordinaria.

Hay algunas cosas interesantes que aprendemos sobre estos encuentros especiales que Pablo tuvo con el Señor:

- Este es el gran apóstol Pablo. Sin embargo, al parecer, tuvo solo una de estas experiencias, y esa fue hace catorce años, probablemente durante sus "años de silencio" en Siria o Cilicia. Tuvo su encuentro con Jesús en el camino a Damasco hace unos veinte años. No es común tener muchas de estas revelaciones.

- Pablo deja abierta la posibilidad de ser llevado físicamente al cielo, pero es casi imposible saber si fue una visión o si su cuerpo también estuvo involucrado.

- Hay un lugar definido que Pablo llama el "paraíso" (una palabra que generalmente significa "jardín" o "parque"). Es un lugar que se puede visitar, donde esperamos pasar la eternidad. Hoy, muchos hablan de visitas al cielo o al infierno. Algunas pueden ser válidas. Tales experiencias (como la de Pablo) afirman nuestra creencia en el cielo.

- ¡Qué bueno sería saber esas cosas tan increíbles que no pueden expresarse con palabras! ¿Y por qué no se le permite a nadie hablar de ellas? ¡Imagina las grandes cosas que aprenderemos cuando lleguemos al cielo!

- Pablo se refiere al "tercer cielo", la única vez que se menciona en el Nuevo Testamento. La atmósfera de la Tierra puede ser el primer cielo, el espacio ultraterrestre, el segundo cielo y la morada de Dios, el tercer cielo.
- ¡Una experiencia como esta obviamente tiene un impacto transformador! El gran peligro para cualquiera con tales visiones es la vanidad. Lejos de hacerte súper espiritual, con una vida sin problemas, llevan un precio y una gran responsabilidad.

¿Has tenido una visión? La profecía de Joel (Joel 2:28, citada por Pedro en Pentecostés, Hechos 2:17) indica que, con la plenitud del Espíritu, las visiones y los sueños serían comunes, y en algunos lugares lo son. Si bien no queremos exagerar su importancia, debemos estar abiertos a las visiones y experiencias especiales.

7 Para evitar que me volviera presumido por estas sublimes revelaciones, una espina (un aguijón) me fue clavada en el cuerpo, es decir, un mensajero de Satanás, para que me atormentara. 8 Tres veces le rogué al Señor que me la quitara; 9 pero él me dijo: «Te basta con mi gracia, pues mi poder se perfecciona en la debilidad.» Por lo tanto, gustosamente haré más bien alarde de mis debilidades, para que permanezca sobre mí el poder de Cristo. 10 Por eso me regocijo en debilidades, insultos, privaciones, persecuciones y dificultades que sufro por Cristo; porque cuando soy débil, entonces soy fuerte.

La naturaleza de un aguijón

- Es el don que nadie quiere. Vienen de afuera de ti, y por lo tanto no indican una debilidad natural, un pecado o un fracaso. ¿Te has despreciado a ti mismo (u otros) porque crees que un aguijón refleja debilidad o fracaso?

- Es dado con un propósito. Te obliga a mantener tus ojos fijos en Dios y te recuerda nuestra fragilidad humana. Dios los usa de muchas maneras; en el caso de Pablo (y de muchas personas), fue para mantenerlo humilde. ¿Qué puede ser el propósito del aguijón (o aguijones) en tu vida?

- Un aguijón no te mata, pero tampoco desaparece. Es una molestia constante. *"En el cuerpo"* puede significar una afección corporal, pero también "en la carne" puede referirse a lo carnal, a la naturaleza pecaminosa con la que todos luchamos.

- En el caso de Pablo, era un mensajero de Satanás. Repréndelo y échalo fuera, todo lo que quieras, ¡pero parece que Dios puede permitir que los mensajeros de Satanás aflijan incluso a sus siervos escogidos! "Mensajero" es la misma palabra que se usa para los ángeles; es decir, que probablemente era un demonio. No significa posesión, sino un espíritu maligno que Dios permite para lograr sus propósitos. Tal vez, si Dios puede lograr el mismo propósito con algo más suave, podemos evitar al mensajero satánico.

- Como con cualquier demonio, el aguijón te atormenta. ¡Me resulta casi chocante que Dios realmente arregle el tormento de uno de los mayores cristianos! ¿Estás atormentado? ¿Has intentado todo lo posible para librarte de ello? ¿Incluso has estado tentado de darle la espalda al Señor, porque Él no te ha liberado? ¿O has considerado dejar tu matrimonio o el ministerio por eso? ¿O, en el extremo, quitarte la vida? ¿Puedes aceptar la posibilidad de que este aguijón pueda atormentarte por el resto de tu vida?

Muchos han adivinado la naturaleza del aguijón de Pablo: problemas con los ojos, una aflicción física que lo hizo poco atractivo o una enfermedad crónica (tal vez la epilepsia). ¡Pero parece que Pablo tenía que estar bastante saludable para soportar todo lo que le sucedió a lo largo de los años! Otras posibilidades incluyen depresión, personas que constantemente lo molestaban (tal vez los judíos), alguna tentación sexual o incluso atracción por el mismo sexo. En la forma en que lo describe, y para merecer ser el tormento de Satanás mismo, supongamos que era algo bastante fuerte, en lugar de algún problema con los ojos.

¿Cuál es tu aguijón?

Puede que no tengas ninguno. Eso puede significar que cooperas con el Señor y no necesitas ese recuerdo, o puede significar que tu impacto para Cristo es tan mínimo que Satanás no tiene que distraerte del ministerio. La realidad es que la mayoría de nosotros luchamos con algún aguijón. ¿Cuál es el tuyo? Reflexiona y anota todas las posibilidades. Ora por ellas y examínalas para ver si encajan en el perfil de un aguijón. Puede transformar tu punto de vista en algunas de tus luchas para saber que no es tu culpa.

¿Un aguijón en la carne traiciona la fe débil?

¡He orado más de tres veces para que Dios quite los aguijones de mi vida! ¡Creo que tú también lo has hecho! ¡Tal vez Pablo estaba acostumbrado a oraciones contestadas la primera vez, y pedir algo tres veces era muy inusual para él! Jesús oró tres veces en Getsemaní para evitar el sufrimiento de la cruz, pero a Él también su Padre le dijo que no. La actitud de Jesús era como la nuestra debería ser: no mi voluntad, sino la tuya. ¡No es una falta de fe orar así! ¡Nosotros no le ordenamos a Dios que haga nuestra voluntad!

¿Es débil tu fe si tienes que pedir algo más de una vez? Algunos predican que pides una vez y luego simplemente das gracias por la respuesta, pero eso contradice lo que Pablo hizo aquí. Otros cuestionan si aún tenemos que pedirle, porque Dios ya conoce nuestras necesidades (Mateo 6:8). Pero Jesús enseñó acerca de la perseverancia en la oración. Santiago dijo que no tienes porque no pides (Santiago 4:2). Está bien compartir con Dios lo que hay en tu corazón, pero recuerda que Él puede decir "no," tal como respondió a su propio Hijo y a Pablo. Confía en la sabiduría de Dios.

¡Bástate mi gracia!

Si Dios contestara todas nuestras oraciones y nos diera la salud y todo lo que el mundo dice que necesitamos, ¡no necesitaríamos a Dios! ¡Estamos muy consentidos! La vida aquí en esta Tierra no es perfecta, y Cristo nunca nos garantizó el paraíso ahora. ¡Es por eso que Pablo tuvo que viajar al tercer cielo para tener una visión del paraíso! Mientras tanto, nos vemos obligados a confiar en la gracia de Dios. Si estás tentado a confiar en ti mismo, Él puede permitir que las circunstancias te obliguen a confiar en Él. Puede ser más difícil rendirse para gente como Pablo que está dotada naturalmente. Nuestras debilidades le dan a Cristo la oportunidad de trabajar en nosotros. La verdadera fe no se trata tanto de reclamar tu curación y todo lo que quieres, sino de confiar en que la gracia de Dios es suficiente.

En tus pruebas ahora, ¡bástate la gracia de Dios! ¿Qué está exponiendo tu debilidad en este momento? ¿Cuáles oraciones se han quedado sin respuestas? ¿Qué oportunidades hay en tu vida para que Dios se glorifique y muestre su gran poder? ¿Crees que no eres un buen cristiano porque tienes un aguijón y muchas pruebas? ¿Incluso crees que eres un fracaso? ¡Eso es exactamente lo que los falsos apóstoles reclamaban acerca de Pablo! ¡Y eso es exactamente lo que él está rechazando! ¡No se trata de ti! ¡Se trata de Dios y de su gracia!

Cuando eres débil, entonces eres fuerte

No es posible que el cristianismo sea un invento, ¡ningún hombre crearía una fe que glorifique la debilidad! Lo que es alarmante es que hoy en día la mayoría de los cristianos no se gozan en debilidades, afrentas, necesidades, persecuciones o angustias. Queremos una fe fuerte, matrimonios fuertes y la fuerza para hacer frente a todo lo que enfrentamos. Recurrimos a los juegos de poder en la iglesia, con el gobierno y en la relación con otras religiones.

Los falsos apóstoles en Corinto se jactaban de su poder y su impresionante fuerza espiritual. Al desafiarlos, Pablo cambió por completo el campo de juego. Él se gloría en su debilidad, porque ha aprendido que en el más débil, Cristo puede manifestar aún más su poder. Esa realidad transformó totalmente su actitud ante las dificultades en esta vida. Como Santiago en el primer capítulo de su carta (Santiago 1:2), ahora podemos regocijarnos en las pruebas. Los insultos no nos afectan. Las necesidades son una oportunidad para ver la provisión de Dios. Las persecuciones nos permiten identificarnos con nuestro Salvador y nos recuerdan que no somos de este mundo. Las dificultades permiten a Dios mostrar su sabiduría y poder. En lugar de lamentarnos por estas cosas, entendemos que son parte de esta vida y que Dios las permite para que su poder se manifieste.

¡Tranquilo! ¡Tú puedes descansar! ¡Tú no tienes que hacerlo todo perfecto! ¡Las tribulaciones no significan que eres menos hombre o mujer! ¡Las necesidades no significan que no trabajaste lo suficiente! Esos falsos apóstoles siempre parecían tener victoria. Puedes mirar con envidia a otros en tu iglesia o en el trabajo que parecen tan exitosos, pero tú no sabes nada acerca de su vida interior. Compararte con otros es inútil. Confía en Dios y sé fiel a Él. Piensa en Pablo y en las experiencias de este gran varón de Dios. El mundo (y los falsos apóstoles, e incluso muchos cristianos de hoy) está muy equivocado en su entendimiento del éxito y la espiritualidad.

Yo sé que es radical gloriarme en mi debilidad, pero si lo hago, voy a ver el poder de Dios como nunca antes. Pablo dice que lo hace por amor a Cristo. ¿Se trata de ti o de Jesús? ¿Quieres que Él sea exaltado y glorificado? ¿Quieres que la gente se sienta atraída por Jesús o por ti? Puede ser difícil, pero regocíjate en tus debilidades esta semana. ¡Y cuidado con esos aguijones!

24

Ministerio Apostólico Auténtico

2 Corintios 12:11-21

[11] Me he portado como un insensato, pero ustedes me han obligado a ello. Ustedes debían haberme elogiado, pues de ningún modo soy inferior a los «superapóstoles», aunque yo no soy nada. [12] Las marcas distintivas de un apóstol, tales como señales, prodigios y milagros, se dieron constantemente entre ustedes. [13] ¿En qué fueron ustedes inferiores a las demás iglesias? Pues sólo en que yo mismo nunca les fui una carga. ¡Perdónenme si los ofendo!

El verdadero ministerio apostólico está marcado por señales, prodigios y milagros

¿Cómo sabes si alguien es realmente un apóstol? Pablo declara que será conocido por señales, prodigios y milagros. No sabemos si los "superapóstoles" demostraron estos signos, pero eran abundantes en el ministerio de Pablo. ¿Son evidentes en el ministerio de "apóstoles" que tú conoces? Si no, puede ser necesario evaluar su autenticidad.

Hemos visto varias veces lo incómodo que ha sido para Pablo defender su apostolado. No tenía sentido que tuviera que defenderse; ¡deberían haberlo elogiado como apóstol! La negativa de Pablo a aceptar dinero era la fuente de muchas de sus dudas acerca de él. Según ellos, si él era un verdadero apóstol, ¿por qué no actuaba como los otros "súper apóstoles" que tomaron el dinero de los corintios con tanto gusto?

[14] Miren que por tercera vez estoy listo para visitarlos, y no les seré una carga, pues no me interesa lo que ustedes tienen sino lo que ustedes son. Después de todo, no son los hijos los que deben ahorrar para los padres, sino los padres para los hijos. [15] Así que de buena gana gastaré todo lo que tengo, y hasta yo mismo me desgastaré del todo por ustedes.

El verdadero apóstol se gasta a sí mismo de buena gana por la gente a su cargo

Para silenciarlos, Pablo simplemente pudo haber aceptado su dinero, pero eso violaría varios principios fundamentales del verdadero ministerio apostólico, que cada ministerio debe seguir:

- **No te seré una carga.** El ministro no debe ser una carga para el pueblo que recibe su ministerio.
- **Me interesa quién eres como persona, no lo que tienes.** ¿Has estado en una iglesia donde sientes que nadie le importas como persona? Te buscan por lo que puedes hacer por la iglesia, por tu diezmo y por la agenda de la iglesia. ¡Enfócate en la persona! Haz lo necesario para que sepa que tú estás realmente interesado en él o ella, y no en lo que tienen. Lamentablemente, si parece que alguien no sirve en la agenda del líder, muchas veces se descarta.

- **Los niños no deben ahorrar para los padres, sino los padres para sus hijos.** Muchos padres ahorran para la educación de sus hijos, los ayudan a comprar su primera casa o les dejan una herencia generosa. Aquí Pablo habla de hijos y padres espirituales. ¡Un padre espiritual debe estar dispuesto a dar todo lo que pueda para apoyar a quienes están a su cuidado! Claro que hay ocasiones en las que los hijos ayudan a sus padres (por ejemplo, en su vejez), pero por lo general, los padres no deben utilizar a sus hijos para su propio beneficio.

- **El padre espiritual debe tener una actitud de auto sacrificio.** Como un padre natural que ama a sus hijos y haría cualquier cosa por ellos, debe estar dispuesto a gastarse totalmente en lo económico, emocional y espiritual. El buen pastor entrega su vida por las ovejas (Juan 10:11). Un niño no debe ser obligado a gastarse por sus padres. El ministerio se trata de dar y entregar tu vida; no se trata de lo que puedes conseguir.

[15]*Si los amo hasta el extremo, ¿me amarán menos?* [16]*En todo caso, no les he sido una carga. ¿Es que, como soy tan astuto, les tendí una trampa para estafarlos?* [17]*¿Acaso los exploté por medio de alguno de mis enviados?* [18]*Le rogué a Tito que fuera a verlos y con él envié al hermano. ¿Acaso se aprovechó Tito de ustedes? ¿No procedimos los dos con el mismo espíritu y seguimos el mismo camino?*

Un verdadero apóstol camina en las mismas pisadas y comparte el mismo Espíritu con sus compañeros de trabajo

¡Por tercera vez les recuerda que él no ha sido una carga para ellos! El ministerio de Pablo estaba basado en el amor, y no sería amoroso ser una carga. Lo que Pablo anhela es su amor. Los hermanos a quienes Pablo envió siguen los mismos principios, para nunca explotar a la iglesia.

¡Qué hermoso cuadro de unidad al servir a otros! ¡Todos caminando en las mismas pisadas! ¿Cómo puedes hacer eso? Ser dirigido y llenado por el mismo Espíritu. Todo el equipo debe tener la misma mente. El líder debe ser consciente de lo que hacen los demás y corregirlo si algo está fuera de orden.

[19] ¿Todo este tiempo han venido pensando que nos estábamos justificando ante ustedes? ¡Más bien, hemos estado hablando delante de Dios en Cristo! Todo lo que hacemos, queridos hermanos, es para su edificación. [20] En realidad, me temo que cuando vaya a verlos no los encuentre como quisiera, ni ustedes me encuentren a mí como quisieran. Temo que haya peleas, celos, arrebatos de ira, rivalidades, calumnias, chismes, insultos y alborotos. [21] Temo que, al volver a visitarlos, mi Dios me humille delante de ustedes, y que yo tenga que llorar por muchos que han pecado desde hace algún tiempo pero no se han arrepentido de la impureza, de la inmoralidad sexual y de los vicios a que se han entregado.

Un verdadero apóstol hace todo por la edificación de la iglesia

¡No se trata de Pablo! Tal vez ellos no lo crean, pero su propósito al escribir esta carta era que él pudiera seguir ministrando a ellos y así fortalecer a la iglesia. Sin embargo, Pablo todavía tenía temores acerca de su próxima visita. ¿Te sorprende?

Cuando tú anticipas un viaje ministerial u otro paso de fe, ¿hay momentos en los que tienes miedo? ¿Puedes nombrar tus temores? ¿Es malo tenerlos? Pablo comparte cuatro temores específicos sobre su próxima visita:

- Posible desilusión e incomprensión entre Pablo y los corintios. Puede que Pablo no esté a la altura de sus expectativas, y ellos no cumplan con las suyas. "¿Me aceptarán? ¿Serán difíciles las cosas cuando llegue allí?" Hay una inseguridad normal cuando nos encontramos en una situación difícil, incluso para un gran hombre de fe.

- De lo que Pablo sabe acerca de esta iglesia, puede haber peleas, celos, enojo, egoísmo, calumnias, chismes, arrogancia y conducta desordenada. ¿Quién quiere entrar en esa situación? ¿Qué temores similares tienes acerca de tu iglesia? ¿De tu hogar? Algunos pueden declarar que estas cosas no sucederán, pero Pablo es un realista y sabe que, a pesar de sus oraciones, la situación puede estar tensa.

- Dios puede humillar a Pablo ante la iglesia, tal vez por el pecado presente en una iglesia que Pablo trabajó tan duro para establecer y sobre la cual se ha jactado. Incluso puede confirmar las acusaciones de algunos judíos de que no es posible que los gentiles sean verdaderos cristianos.

- Teme que encuentre pecado sin arrepentimiento. Si no han seguido las instrucciones dadas en su primera carta, él tendrá que lamentarse y llorar por el pecado continuo.

Casi al final de esta carta, todavía hay una gran incertidumbre sobre el futuro de la relación con una iglesia que Pablo valora mucho. ¡Todavía es muy posible que pueda perderla! Pablo no lo dice, pero el temor al fracaso, a perder a tu esposa o familia, o a perder tu ministerio, a menudo puede acarrear otros temores. ¡No se puede decir que Pablo no hizo todo lo posible para recuperar los corazones de los corintios! Nosotros también debemos hacer nuestro mejor esfuerzo para mantener esas relaciones, pero al final tenemos que dejarlas en manos del Señor.

¿Cómo se compara tu ministerio con estas marcas de un verdadero ministerio apostólico? ¿Cuáles temores te enfrentan en estos momentos con respecto a tu iglesia, tu trabajo o tu familia? ¿Puedes expresarlos y quizás compartirlos con las personas que los causan?

25

Examínate

2 Corintios 13:1-6

^{C1}*Ésta será la tercera vez que los visito. «Todo asunto se resolverá mediante el testimonio de dos o tres testigos.»* ^{2}*Cuando estuve con ustedes por segunda vez les advertí, y ahora que estoy ausente se lo repito: Cuando vuelva a verlos, no seré indulgente con los que antes pecaron ni con ningún otro,* ^{3}*ya que están exigiendo una prueba de que Cristo habla por medio de mí. Él no se muestra débil en su trato con ustedes, sino que ejerce su poder entre ustedes.* ^{4}*Es cierto que fue crucificado en debilidad, pero ahora vive por el poder de Dios. De igual manera, nosotros participamos de su debilidad, pero por el poder de Dios viviremos con Cristo para ustedes.*

Casi al final de esta carta, Pablo sigue luchando por el alma de esta iglesia.

Primero, él quiere impresionarlos con lo serio que él está sobre limpiar la iglesia del pecado. A pesar de lo que sus enemigos pueden decir, no son amenazas vanas. Esta es su tercera visita, el tercer "testimonio" necesario para confirmar su juicio de la iglesia. Casi como "tres strikes y estás fuera," esta visita será decisiva.

Pablo y los falsos apóstoles ambos reclaman que Cristo habla por medio de ellos, pero los corintios ponen la carga sobre Pablo para probarlo. Confía en que la demostración del poder y la autoridad de Cristo durante su visita lo confirmará. Hasta el día de hoy, muchos afirman que Cristo habla por medio de ellos, y la maravilla es que en realidad Cristo puede hablar por medio de nosotros. Es una gran responsabilidad; si dices que es Cristo hablando por medio de ti, ¡hay que estar muy seguro de que realmente es su palabra! Lamentablemente, hay muchos charlatanes y falsos profetas que hablan por su propia cuenta. Necesitamos mucho discernimiento para evaluar a otros que dicen que Cristo habla por medio de ellos.

La iglesia de Corinto no funcionaba independientemente de la autoridad apostólica. No era una opción para ellos "dejar el concilio" y ser una iglesia autónoma. La naturaleza de la autoridad que Dios ha establecido en la iglesia requiere alguna cobertura apostólica, ya sea de un concilio o un apóstol. Es cierto que hay abusos con la autoridad apostólica, y hay concilios que no apoyan a sus pastores, pero también hay abusos en las iglesias independientes. ¡Necesitamos mucha gracia de Dios para establecer la verdadera autoridad apostólica!

Los falsos apóstoles acusaron a Pablo de ser débil, pero ser débil o poderoso en el mundo es muy distinto a nuestra comprensión de poder y debilidad como creyentes. Muchos hombres orgullosos en el mundo creen que Dios es solo una muleta. Son autosuficientes; la fe en Dios es solo para los débiles. Es cierto que entregar tu vida y crucificar la carne voluntariamente puede parecer débil. La crucifixión de Cristo fue una expresión profunda de debilidad, pero ese acto humillante soltó un poder sobrenatural increíble. Incluso después de muchos años de caminar con Cristo, tú puedes estar muy consciente de la debilidad de tu carne, pero eso te permite vivir por el poder de Dios. Los que confían en sí mismos no experimentan más que su propia fuerza. ¡No se trata de ti! Lo importante es negarse a sí mismo, para que se manifieste el poder de Dios.

Los corintios estaban locos por el poder: manifestaciones sobrenaturales en sus servicios, apóstoles impresionantes y demostraciones del poder del Espíritu Santo en la vida diaria. Para ellos, cualquier debilidad podía ser un signo de falta de fe, y Pablo les parecía débil. El mismo Cristo fue considerado sospechoso por su supuesta debilidad y humildad: ¿Por qué no pidió fuego o ángeles del cielo? ¿Por qué no se enfrentó a los fariseos y a los líderes judíos? Los corintios habían aceptado un evangelio distorsionado, y por esa razón Pablo hace una petición sorprendente.

⁵Examínense para ver si están en la fe; pruébense a sí mismos. ¿No se dan cuenta de que Cristo Jesús está en ustedes? ¡A menos que fracasen en la prueba! ⁶Espero que reconozcan que nosotros no hemos fracasado.

Los corintios tienen la audacia de exigir que Pablo se pruebe, pero él lo cambia: ¡ellos son los que tienen algo que probar! ¿De verdad son salvos? Pablo no está tan seguro. Él se había puesto a sí mismo esa prueba y sabe que él y sus compañeros la pasarán.

Hay una provisión asombrosa para los verdaderos creyentes, casi escondida en su llamado al autoexamen: Cristo *está en nosotros*. ¿Eres consciente de eso en tu vida diaria? ¿Hay evidencia de que Cristo vive en ti? Si el Hijo de Dios está en ti, ¿no se espera alguna evidencia?

¿Cuándo fue la última vez que hiciste este autoexamen o desafiaste a tu iglesia a examinarse a sí misma? ¿Tienes miedo de no pasarlo? ¿Crees que porque alguien pasa mucho tiempo en la iglesia él está en la fe? Pablo no lo cree. Basándose en su experiencia con los corintios, quienes aceptaron a los "apóstoles" que él llama siervos de Satanás, probablemente teme que muchos no sean realmente salvos.

¿Cómo puedes estar seguro de que realmente estás en la fe? Se puede escribir un libro sobre ese tema, pero aquí hay algunas pruebas:

Fruto

- *Del mismo modo, todo árbol bueno da fruto bueno, pero el árbol malo da fruto malo. Un árbol bueno no puede dar fruto malo, y un árbol malo no puede dar fruto bueno. Todo árbol que no da buen fruto se corta y se arroja al fuego. Así que por sus frutos los conocerán* (Mateo 7:17-20).

- *El que recibió la semilla que cayó entre espinos es el que oye la palabra, pero las preocupaciones de esta vida y el engaño de las riquezas la ahogan, de modo que ésta no llega a dar fruto* (Mateo 13:22).

El quebrantamiento sobre el pecado y la victoria sobre él. Varios pasajes hablan de cómo aquellos que habitualmente practican el pecado no pueden ser salvos:

- *¿No saben que los malvados no heredarán el reino de Dios? ¡No se dejen engañar! Ni los fornicarios, ni los idólatras, ni los adúlteros, ni los sodomitas, ni los pervertidos sexuales, ni los ladrones, ni los avaros, ni los* borrachos, ni los calumniadores, ni los estafadores heredarán el reino de Dios (1 Corintios 6:9-10).

- Las obras de la naturaleza pecaminosa se conocen bien: inmoralidad sexual, impureza y libertinaje; idolatría y brujería; odio, discordia, celos, arrebatos de ira, rivalidades, disensiones, sectarismos y envidia; borracheras, orgías, y otras cosas parecidas. Les advierto ahora, como antes lo hice, que los que practican tales cosas no heredarán el reino de Dios (Gálatas 5:19-21).
- Los que son de Cristo Jesús han crucificado la naturaleza pecaminosa, con sus pasiones y deseos (Gálatas 5:24).

Lo que ocupa tu tiempo, cariño y pensamientos.

- Los que viven conforme a la naturaleza pecaminosa fijan la mente en los deseos de tal naturaleza; en cambio, los que viven conforme al Espíritu fijan la mente en los deseos del Espíritu. La mentalidad pecaminosa es muerte, mientras que la mentalidad que proviene del Espíritu es vida y paz (Romanos 8:5-6).

La confirmación interior del Espíritu Santo.

- Y ustedes no recibieron un espíritu que de nuevo los esclavice al miedo, sino el Espíritu que los adopta como hijos y les permite clamar: «¡Abba! ¡Padre!» El Espíritu mismo le asegura a nuestro espíritu que somos hijos de Dios (Romanos 8:15-16).

Evidencia de la presencia del Espíritu en tu vida.

- Si alguno no tiene el Espíritu de Cristo, no es de Cristo (Romanos 8:9).

- Se debe ver fruto del Espíritu (*amor, alegría, paz, paciencia, amabilidad, bondad, fidelidad, humildad y dominio propio,* Gálatas 5:22-23), y manifestaciones del Espíritu en dones espirituales.

Confesión pública de fe en Cristo, y fe sólida en lo que logró en la cruz.

- *Mas a cuantos lo recibieron, a los que creen en su nombre, les dio el derecho de ser hijos de Dios* (Juan 1:12).
- *Si confiesas con tu boca que Jesús es el Señor, y crees en tu corazón que Dios lo levantó de entre los muertos, serás salvo. Porque con el corazón se cree para ser justificado, pero con la boca se confiesa para ser salvo* (Romanos 10:9-10).
- Un verdadero creyente debe hablar con otros acerca de su fe.

Haciendo la voluntad de Dios; obediencia.

- *»No todo el que me dice: "Señor, Señor", entrará en el reino de los cielos, sino sólo el que hace la voluntad de mi Padre que está en el cielo. Muchos me dirán en aquel día: "Señor, Señor, ¿no profetizamos en tu nombre, y en tu nombre expulsamos demonios e hicimos muchos milagros?" Entonces les diré claramente: "Jamás los conocí. ¡Aléjense de mí, hacedores de maldad!"* (Mateo 7:21-23).

Si tú no pasas el examen, ¡no te desesperes! ¡He conocido a muchos pastores y otros que llevan mucho tiempo en la iglesia y se han dado cuenta de que no son salvos! El propósito de una prueba es determinar dónde estás, para que sepas qué estudiar y cómo prepararte para el examen final. ¡Es mucho mejor saberlo ahora que cuando te presentes ante Dios en el día del juicio! Algunos han ofrecido a muchos un boleto al cielo, sin costo ni verdadera entrega al Señorío de Cristo.

Que el Espíritu Santo de Dios te guíe y abra tus ojos para honesta y sinceramente examinarte a ti mismo. Si pasas la prueba, ¡regocíjate en la gracia y la salvación de Dios! Si no, ¡Jesús está esperando ahora para recibirte, corregir lo que estaba mal y darte una nueva vida!

26

Cómo experimentar el amor y la paz de Dios

2 Corintios 13:7-14

⁷ Pedimos a Dios que no hagan nada malo, no para demostrar mi éxito, sino para que hagan lo bueno, aunque parezca que nosotros hemos fracasado. ⁸ Pues nada podemos hacer contra la verdad, sino a favor de la verdad. ⁹ De hecho, nos alegramos cuando nosotros somos débiles y ustedes fuertes; y oramos a Dios para que los restaure plenamente.

En la primera parte de este capítulo Pablo propuso una prueba: Examínate para ver si estás en la fe. Su propósito no fue demostrar su éxito como apóstol para levantar discípulos fieles. Ni le importa si parece que él y sus compañeros han fracasado. Su preocupación fue que los corintios prosperasen espiritualmente. Es posible ministrar para vanagloriarse, prestando más atención a la imagen que presentamos a otros que al verdadero crecimiento de la iglesia. Puede ser sutil; aquí hay algunas señales de advertencia:

- ¿De verdad amas a la gente, o quieres ser elogiado como un buen pastor, muy ungido con el Espíritu?

- ¿Qué ocupa más en tus pensamientos? ¿La posibilidad de fama, con libros y programas en televisión, o las cargas que llevan los hermanos en tu iglesia?
- Si tu hijo está en pecado, ¿te molesta porque quieres que él sea un verdadero siervo de Cristo, o porque pareces un fracaso como padre?

¿Ves la diferencia? Aunque parezcas débil, dedícate a lo que verdaderamente beneficia a aquellos que Dios ha puesto bajo tu cargo, ya sea tu familia o tu iglesia.

¹⁰ Por eso les escribo todo esto en mi ausencia, para que cuando vaya no tenga que ser severo en el uso de mi autoridad, la cual el Señor me ha dado para edificación y no para destrucción.

Esposo, Dios te ha dado autoridad en tu casa. No es para destruir a tu esposa e hijos, sino para edificarlos. Pastor, Dios te ha dado autoridad en tu iglesia. Según Pablo aquí, es posible usarla para su destrucción.

La autoridad se da y se recibe con un propósito. Algunos son duros con su autoridad. ¿Y tú? ¿Cómo ejercitas tu autoridad? ¿Crees que tener autoridad significa ser duro? Muchos la han experimentado así. Aquellos que no conocen a Dios muchas veces, en temor, se levantan para controlar a otros, creyendo que eso es autoridad. Si no estás caminando bien con Dios, no tendrás su autoridad. Si Dios te ha dado autoridad (en tu hogar, iglesia o trabajo), Él está contigo para ayudarte a usarla para su bienestar. (Si quieres un estudio más profundo de la autoridad, consigue mi libro sobre la vida del Rey Saúl, "Hecho para reinar".)

[11] En fin, hermanos, alégrense, busquen su restauración, hagan caso de mi exhortación, sean de un mismo sentir, vivan en paz. Y el Dios de amor y de paz estará con ustedes.

Pablo termina su carta con cinco mandatos que abordan la relación entre los hermanos en la iglesia:

1. **¡Alégrense!** ¡Incluso después de leer esta carta difícil! Independientemente de los problemas, ¡mantén el gozo del Señor! Puede ser que no puedas alegrarte por tus circunstancias, pero nuestro gozo como creyentes no proviene de las circunstancias, sino de Dios mismo. El gozo del Señor tu fortaleza es. ¿Tienes ese gozo? ¿Qué tienes que hacer para alegrarte ahora? ¿Qué te ayuda a experimentar el gozo del Señor? ¿Hay algo que te está robando tu gozo ahora?

2. **Busca tu restauración.** Otras traducciones dicen: *Crezcan hasta alcanzar la madurez* (NTV), *Busquen la perfección en su vida* (DHH), o *Perfeccionaos* (RVR). La variedad de traducciones demuestra la dificultad del traductor para comunicar lo que Pablo quiere decir, pero hay unas cosas importantes que vemos aquí:

* Necesitamos restauración y renovación.
* No hemos llegado todavía a la madurez. Es un proceso, algo que tenemos que lograr.
* Toda la vida tenemos que seguir creciendo.
* Nuestra meta es la perfección. No descansamos con menos. Es algo que debemos buscar, y no es fácil.

¿Cómo te va en este largo camino hacia la madurez? Si no estás caminando con otros hermanos, es un camino muy duro y solitario. Necesitamos el apoyo de la iglesia para seguir adelante.

La perfección es la meta. ¡Esa es la voluntad de Dios para tu vida! ¿Has aceptado algo menos? ¿Qué necesita restauración o renovación en tu vida? Como renovamos una cocina o restauramos un carro viejo, tal vez sea hora de que comiences un proyecto de renovación en tu vida. ¿Por dónde vas a empezar? ¿Estás cansado de tu inmadurez? ¡Estoy seguro de que tu familia y tu iglesia lo son!

3. **Anímense unos a otros** (NTV). La traducción en la NVI (*Hagan caso de mi exhortación)* no es muy buena. El sentido es la necesidad de ánimo y consuelo después de leer esta carta, y en la vida diaria. Otra vez, es casi imposible ser un cristiano solitario. Necesitamos a nuestros hermanos. Estoy seguro de que tú quieres ser animado, ¿pero te das cuenta de que hay gente a tu alrededor que también necesita un estímulo? ¿Tal vez tu esposa? ¿Tu papá? ¿Tus hijos? ¿Los compañeros de trabajo? ¿A quién puedes alentar hoy? Muchos no saben muy bien cómo animar a otros. Pídele a Dios que te ayude y reflexiona sobre cómo lo puedes hacer.

4. **Sean de un mismo sentir.** No es opcional; es un mandato. Se ve la importancia de la unidad de la iglesia una y otra vez en el Nuevo Testamento. Si Satanás puede dividirnos, puede destruirmos. ¡Lo empieza en tu hogar! ¡Una casa dividida contra sí misma no permanecerá! ¿Estás en la misma mente que tu cónyuge? ¿Se te conoce como un pacificador que promueve la unidad, o tiendes a crear conflictos? ¿Tienes que hablar con alguien sobre la restauración de tu relación? ¿Estás dispuesto a humillarte y abandonar tu insistencia en que tú eres mejor, para ser de una misma mente con tus hermanos?

5. Vivan en paz. Esta paz (shalom) es un estado total de bienestar; paz consigo mismo, con los demás y con Dios. ¿Conoces esa paz en tu vida? ¿En tu hogar? ¿Cuándo fue la última vez que sentiste esa paz? ¿Cómo la perdiste? ¿Qué puedes hacer para recuperarla? ¿Podría ser que el primer paso sea pedir perdón? ¿Cómo es posible mantener tu paz en una iglesia, en una casa o en un trabajo donde la paz está totalmente ausente?

Pablo dice que *si* hacemos estas cosas, *entonces* el amor y la paz de Dios nos acompañarán: *Entonces el Dios de amor y paz estará con ustedes* (NTV). Es necesario fomentar las interrelaciones con los demás para experimentar el amor y la paz de Dios; es difícil experimentarlos si no hay unidad en la iglesia.

12 Salúdense unos a otros con un beso santo. 13 Todos los santos les mandan saludos.

Debe haber un compañerismo cariñoso en tu iglesia local y entre todas las iglesias. Es importante mantener la comunicación con creyentes de todo el mundo. Hoy en día es muy fácil, gracias al Internet. ¿A quién puedes alentar hoy? ¿Cómo puedes expresar un poco más de cariño (no tiene que ser un beso)? ¿Saludas a los hermanos en tu iglesia de tal manera que sepan que son importantes para ti y te alegras de verlos?

14 Que la gracia del Señor Jesucristo, el amor de Dios y la comunión del Espíritu Santo sean con todos ustedes.

¡Y algunos dicen que la Trinidad no se encuentra en el Nuevo Testamento! Tal vez no usen esa palabra, pero una y otra vez vemos referencias indudables a tres personas distintas. No hay ninguna sugerencia de que uno sea divino, mientras que los otros no lo son. En vista de la expansión del Islam y de sectas supuestamente cristianas que niegan la Trinidad, ¡está firme con lo que la Biblia enseña acerca de la Deidad, aunque sea difícil de entender!

Al terminar esta difícil carta, Pablo no quiere que nada impida la experiencia de cada hermano con esta Trinidad. Mucho más que una doctrina teológica, las tres personas nos dan una gran oportunidad para relacionarnos con tres facetas de Dios:

- Él es Señor y Maestro, pero Jesús también es un hermano mayor, el gran sumo sacerdote que intercede por ti y entiende tu debilidad humana desde su propia experiencia. Él está en una posición perfecta para derramar el favor inmerecido o la gracia en tu vida. ¿Todavía intentas vivir por tu propia fuerza? ¿Estás dispuesto a renunciar a tu esfuerzo y vivir en la gracia que Jesús anhela darte? Por supuesto, no la mereces; nunca serás suficientemente bueno para ganarla. ¡Pero ya no estás bajo la ley! Disfruta de tu libertad y de una relación profunda con Cristo. Él la anhela aún más que tú.

- El Padre, quien te ama de tal manera que dio a su Hijo único para comprar tu salvación, te ama como padre, con todo su corazón. Como padre, puede haber momentos en que sea severo y te discipline, pero su amor está detrás de todo. ¿Estás tan ocupado con tu vida que casi no tienes tiempo para tu Padre? ¿Necesitas más amor en tu vida? Su amor es inmutable, incondicional e ilimitado.

- Y luego, el más íntimo de los tres, el que mora dentro de ti, es el Espíritu, el Consejero, Consolador y Maestro. ¡Nunca estás solo! ¡Puedes pasar todo el día en comunión con el Espíritu Santo! ¿Hay momentos en que el Espíritu se siente solo dentro de ti? ¿Pasas horas (incluso días) actuando como si Él no estuviera allí? ¿Te das cuenta de que Él anhela el compañerismo contigo? ¿Cómo está tu comunión con el Espíritu? ¿Qué puedes hacer para mejorarla?

Conclusión

Aquí estamos al final de un libro tan lleno de rica enseñanza. ¡Qué increíble que a menudo se pasa por alto! Estos versículos claves nos recuerdan lo que hemos estudiado:

Alabado sea el Dios y Padre de nuestro Señor Jesucristo, Padre misericordioso y Dios de toda consolación, quien nos consuela en todas nuestras tribulaciones para que, con el mismo consuelo que de Dios hemos recibido, también nosotros podamos consolar a todos los que sufren. Pues, así como participamos abundantemente en los sufrimientos de Cristo, así también por medio de él tenemos abundante consuelo (1:3-5).

Hermanos, no queremos que desconozcan las aflicciones que sufrimos en la provincia de Asia. Estábamos tan agobiados bajo tanta presión que hasta perdimos la esperanza de salir con vida: nos sentíamos como sentenciados a muerte. Pero eso sucedió para que no confiáramos en nosotros mismos, sino en Dios, que resucita a los muertos (1:8-9).

Sin embargo, gracias a Dios que en Cristo siempre nos lleva triunfantes y, por medio de nosotros, esparce por todas partes la fragancia de su conocimiento. Porque para Dios nosotros somos el aroma de Cristo entre los que se salvan y entre los que se pierden (2:14-15).

No es que nos consideremos competentes en nosotros mismos. Nuestra capacidad viene de Dios. Él nos ha capacitado para ser servidores de un nuevo pacto, no el de la letra, sino el del Espíritu; porque la letra mata, pero el Espíritu da vida (3:5-6).

Ahora bien, el Señor es el Espíritu; y, donde está el Espíritu del Señor, allí hay libertad. Así, todos nosotros, que con el rostro descubierto reflejamos como en un espejo la gloria del Señor, somos transformados a su semejanza con más y más gloria por la acción del Señor, que es el Espíritu (3:17-18).

Pero, si nuestro evangelio está encubierto, lo está para los que se pierden. El dios de este mundo ha cegado la mente de estos incrédulos, para que no vean la luz del glorioso evangelio de Cristo, el cual es la imagen de Dios (4:3-4).

Pero tenemos este tesoro en vasijas de barro para que se vea que tan sublime poder viene de Dios y no de nosotros. Nos vemos atribulados en todo, pero no abatidos; perplejos, pero no desesperados; perseguidos, pero no abandonados; derribados, pero no destruidos. Dondequiera que vamos, siempre llevamos en nuestro cuerpo la muerte de Jesús, para que también su vida se manifieste en nuestro cuerpo (4:7-10).

Por tanto, no nos desanimamos. Al contrario, aunque por fuera nos vamos desgastando, por dentro nos vamos renovando día tras día. Pues los sufrimientos ligeros y efímeros que ahora padecemos producen una gloria eterna que vale muchísimo más que todo sufrimiento. Así que no nos fijamos en lo visible, sino en lo invisible, ya que lo que se ve es pasajero, mientras que lo que no se ve es eterno (4:16-18).

El amor de Cristo nos obliga, porque estamos convencidos de que uno murió por todos, y por consiguiente todos murieron. Y él murió por todos, para que los que viven ya no vivan para sí, sino para el que murió por ellos y fue resucitado (5:14-15).

Por lo tanto, si alguno está en Cristo, es una nueva creación. ¡Lo viejo ha pasado, ha llegado ya lo nuevo! (5:17)

Así que somos embajadores de Cristo, como si Dios los exhortara a ustedes por medio de nosotros: «En nombre de Cristo les rogamos que se reconcilien con Dios». Al que no cometió pecado alguno, por nosotros Dios lo trató como pecador, para que en él recibiéramos la justicia de Dios (5:20-21).

No os unáis en yugo desigual con los incrédulos; porque ¿qué compañerismo tiene la justicia con la injusticia? ¿Y qué comunión la luz con las tinieblas? (6:14)

Recuerden esto: El que siembra escasamente, escasamente cosechará, y el que siembra en abundancia, en abundancia cosechará. Cada uno debe dar según lo que haya decidido en su corazón, no de mala gana ni por obligación, porque Dios ama al que da con alegría. Y Dios puede hacer que toda gracia abunde para ustedes, de manera que siempre, en toda circunstancia, tengan todo lo necesario, y toda buena obra abunde en ustedes (9:6-8).

Pues aunque andamos en la carne, no militamos según la carne; porque las armas de nuestra milicia no son carnales, sino poderosas en Dios para la destrucción de fortalezas, derribando argumentos y toda altivez que se levanta contra el conocimiento de Dios, y llevando cautivo todo pensamiento a la obediencia a Cristo (10:3-5).

Y para que la grandeza de las revelaciones no me exaltase desmedidamente, me fue dado un aguijón en mi carne, un mensajero de Satanás que me abofetee, para que no me enaltezca sobremanera; respecto a lo cual tres veces he rogado al Señor, que lo quite de mí. Y me ha dicho: Bástate mi gracia; porque mi poder se perfecciona en la debilidad. Por tanto, de buena gana me gloriaré más bien en mis debilidades, para que repose sobre mí el poder de Cristo. Por lo cual, por amor a Cristo me gozo en las debilidades, en afrentas, en necesidades, en persecuciones, en angustias; porque cuando soy débil, entonces soy fuerte (12:7-10).

¿Te ha tocado Dios especialmente con algún versículo o pasaje?

¿Hay algún modo en que Él te haya desafiado?

Al reflexionar sobre el libro, ¿puedes pensar en al menos una cosa que Dios te está llamando específicamente a hacer?

Apéndice

Una comprensión bíblica de consuelo

¿Qué es el consuelo?

Consuelo es mucho más que una palmadita en la espalda y decir que todo estará bien. El *Diccionario de la lengua Española* lo define como "alivio que siente una persona de una pena, dolor o disgusto," y la *Real Academia Española*: "descanso y alivio de la pena, molestia o fatiga que aflige y opri me el ánimo." Los sinónimos son "alivio, aliento, aplacamiento, sedación, ánimo, tranquilización, serenamiento." Nuestra palabra proviene del latín, que significa "fortalecer mucho," pero el texto griego original usa tres palabras, que tienen un significado mucho más completo.

parakleo: Se traduce: urgir, animar, suplicar, abogar con, reconfortar.

paraklesis: Estímulo, consuelo, apelación.

paracletos: Consejero o abogado, uno que habla en la defensa de otro.

Paraklesis implica llamar a alguien a tu lado. La Biblia utiliza la palabra *paracletos* para el Consolador, el Espíritu Santo, el llamado junto a ayudarte. Un *paracletos* podría también ser un abogado para la defensa en la corte; un defensor. Bíblicamente, consolar significa estar allí para alguien; entrar en su dolor, y caminar con él a través de un momento difícil. El confort da fuerza, ya sea con palabras o no.

¿Cómo nos consuela Dios?

Su vara y su cayado: *Aun si voy por valles tenebrosos, no temo peligro alguno porque tú estás a mi lado; tu vara de pastor me reconforta.* (NVI) *Aunque ande en valle de sombra de muerte, no temeré mal alguno, porque tú estarás conmigo; tu vara y tu cayado me infundirán aliento.* (RVR, Salmo 23:4)

Sus promesas: *Éste es mi consuelo en medio del dolor: que tu promesa me da vida.* (Salmo 119:50)

Su Palabra:

- *Me acuerdo, Señor, de tus juicios de antaño, y encuentro consuelo en ellos.* (Salmo 119:52)

- *En cambio, el que profetiza habla a los demás para edificarlos, animarlos y consolarlos.* (1 Corintios 14:3)

Su Amor: *Que sea tu gran amor mi consuelo, conforme a la promesa que hiciste a tu siervo.* (Salmo 119:76)

Su Espíritu: *Y yo le pediré al Padre, y él les dará otro Consolador para que los acompañe siempre: el Espíritu de verdad, a quien el mundo no puede aceptar porque no lo ve ni lo conoce. Pero ustedes sí lo conocen, porque vive con ustedes y estará en ustedes.* (Juan 14:16-17)

Dios usa a nosotros para consolar, muchas veces por simplemente estar presente para la otra persona:

Luego Isaac llevó a Rebeca a la carpa de Sara, su madre, y la tomó por esposa. Isaac amó a Rebeca, y así se consoló de la muerte de su madre. (Génesis 24:67)

¡Consuelen, consuelen a mi pueblo! —dice su Dios—. Hablen con cariño a Jerusalén, y anúncienle que ya ha cumplido su tiempo de servicio, que ya ha pagado por su iniquidad, que ya ha recibido de la mano del Señor el doble por todos sus pecados. (Isaías 40:1-2)

Cuando llegamos a Macedonia, nuestro cuerpo no tuvo ningún descanso, sino que nos vimos acosados por todas partes; conflictos por fuera, temores por dentro. Pero Dios, que consuela a los abatidos, nos consoló con la llegada de Tito, y no sólo con su llegada sino también con el consuelo que él había recibido de ustedes. Él nos habló del anhelo, de la profunda tristeza y de la honda preocupación que ustedes tienen por mí, lo cual me llenó de alegría. (2 Corintios 7:5-7)

También los saluda Jesús, llamado el Justo. Éstos son los únicos judíos que colaboran conmigo en pro del reino de Dios, y me han sido de mucho consuelo. (Colosenses 4:11)

Consolar es parte de la misión de Jesús:

El Espíritu del Señor omnipotente está sobre mí, por cuanto me ha ungido para anunciar buenas nuevas a los pobres. Me ha enviado a sanar los corazones heridos...a consolar a todos los que están de duelo, y a confortar a los dolientes de Sión. (Isaías 61:1-3)

Podemos resistir y rechazar el consuelo ofrecido a nosotros:

Y Jacob se rasgó las vestiduras y se vistió de luto, y por mucho tiempo hizo duelo por su hijo. Todos sus hijos y sus hijas intentaban calmarlo, pero él no se dejaba consolar, sino que decía: «No. Guardaré luto hasta que descienda al sepulcro para reunirme con mi hijo.» Así Jacob siguió llorando la muerte de José. (Génesis 37:34-35)

Cuando estoy angustiado, recurro al Señor; sin cesar elevo mis manos por las noches, pero me niego a recibir consuelo. (Salmo 77:2)

«Se oye un grito en Ramá, lamentos y amargo llanto. Es Raquel, que llora por sus hijos y no quiere ser consolada; ¡sus hijos ya no existen!» (Jeremías 31:15)

A veces seamos inconsolables, o el consuelo de otros puede angustiarnos aún más:

Tres amigos de Job se enteraron de todo el mal que le había sobrevenido, y de común acuerdo salieron de sus respectivos lugares para ir juntos a expresarle a Job sus condolencias y consuelo. Ellos eran Elifaz de Temán, Bildad de Súah, y Zofar de Namat. (Job 2:11)

"Muchas veces he oído cosas como estas; consoladores molestos sois todos vosotros." (Job 16:2)

Mis ojos se consumen esperando tu promesa, y digo: «¿Cuándo vendrás a consolarme?» (Salmo 119:82)

En este país morirán grandes y pequeños; nadie llorará por ellos, ni los sepultará; nadie se hará heridas en el cuerpo ni se rapará la cabeza por ellos. Nadie ofrecerá un banquete fúnebre a los que estén de duelo, para consolarlos por el muerto, ni a nadie se le dará a beber la copa del consuelo, aun cuando quien haya muerto sea su padre o su madre.»No entres en una casa donde haya una celebración, ni te sientes con ellos a comer y beber. (Jeremías 16:6-8)

Porque los terafines han dado vanos oráculos, y los adivinos han visto mentira, han hablado sueños vanos, y vano es su consuelo; por lo cual el pueblo vaga como ovejas, y sufre porque no tiene pastor. (Zacarías 10:2)

Los que lloran y sufren ocupan un lugar especial en el corazón de Dios. Les promete consuelo.

Aquellos que recibieron consuelo en las cosas de este mundo pueden no recibirlo en el futuro:

Dichosos los que lloran, porque serán consolados. (Mateo 5:4)

Pero ¡ay de ustedes los ricos, porque ya han recibido su consuelo! (Lucas 6:24)

Pero Abraham le contestó: "Hijo, recuerda que durante tu vida te fue muy bien, mientras que a Lázaro le fue muy mal; pero ahora a él le toca recibir consuelo aquí, y a ti, sufrir terriblemente. (Lucas 16:25)